Qu'est-ce que l'éducation ?

Pré-textes

Collection animée par
François Dagognet
et Alexis Philonenko

Qu'est-ce que l'éducation ?
Montaigne, Fichte et Lavelle

par

Jean-Louis Vieillard-Baron

Professeur à l'Université de Poitiers

Supplément par Alexis Philonenko

Paris
Librairie Philosophique J. Vrin
6, Place de la Sorbonne, 75005   1994

© *Librairie Philosophique J. VRIN*, 1994
Printed in France
ISBN 2-7116-1181-7

Introduction

Qu'est-ce que l'éducation ?

L'inquiétude est spontanée sur la question : comment éduquer ses enfants ? C'est l'inquiétude même de l'homme moderne, conscient des problèmes, mais pas pour autant capable de les résoudre. Livré à lui-même, n'ayant pour ressource que son propre jugement, l'homme moderne, depuis Montaigne, cherche le meilleur moyen d'élever l'enfant à l'homme ; il est contraint de faire des *essais*, faute d'être guidé autoritairement par la société. Avant Montaigne, le problème de l'éducation n'est pas précisément source d'inquiétude. La chrétienté médiévale repose sur la mission éducative de l'Église chrétienne, qui assoie son autorité sur la Révélation et sur la Tradition. L'individu est déchargé de la responsabilité éducative, et assigné à obéir à une prescription d'origine surnaturelle. Avant l'établissement du christianisme, l'éducation était essentiellement un problème d'élite ; l'antiquité classique estimait que les meilleurs précepteurs étaient les Grecs, réputés pour leur précision analytique et leur connaissance des belles lettres. Mais c'est seulement le christianisme qui entreprit d'éduquer les gens modestes, et même les esclaves, conformément à la doctrine du Christ, rappelée plus tard par saint François d'Assise à la chrétienté trop installée : tout homme, même le plus modeste, est digne de l'amour personnel de Dieu, et l'esclave, autant que l'empereur, sinon davantage, existe personnellement aux yeux de Dieu, qui l'a créé par une volonté particulière.

L'éducation antique reposait sur un idéal de citoyen cultivé ; l'éducation chrétienne sur un idéal moral offert à tout homme ; l'éducation moderne est une recherche perpétuellement inquiète, faute d'un idéal bien défini. On a cru, à la suite des Lumières, et en particulier durant la plus grande partie du XIXème siècle que le progrès du savoir entraînerait un progrès moral de l'humanité ; « Ouvrez une école, vous fermerez une prison ! », proclamait Victor Hugo à la chambre des Pairs, dans une intention manifestement généreuse. Or il a fallu se rendre à l'évidence du « sporadisme des valeurs », comme le nommait Vladimir Jankélévitch : on peut faire un mauvais usage de la connaissance de la vérité ; le savoir n'entraîne pas la bonté. De telles constatations perturbent la bonne conscience éducative des parents et des enseignants.

Quelques distinctions conceptuelles s'imposent. Le problème philosophique de l'éducation n'est pas celui de l'enseignement ; enseigner n'est qu'une partie de l'éducation, celle qui concerne le savoir. On enseigne une matière, alors qu'on éduque un être humain. La société contemporaine distingue des enseignants et des éducateurs, les premiers apprenant aux enfants à travailler, les seconds leur apprenant plutôt à jouer. Mais c'est en fait un usage limité et abusif du terme d'éducateur. On dit aussi parfois que les parents élèvent leurs enfants, tandis que les professeurs des écoles, des collèges, des lycées et des universités, les instruisent. Mais le savoir n'est pas étranger à la formation de l'homme tout entier. Ainsi, quelles que soient les différentes personnes concernées, l'éducation forme un tout. Le concept d'éducation est le plus englobant de tous ceux qui touchent à la formation de l'homme.

L'éducation et les valeurs

Une première approche du vrai problème de l'éducation nous est donnée par Platon dans son dernier dialogue, les *Lois*, (II, 652 B) : « Mon intention est de vous remettre en mémoire ce qu'est, selon nous, l'éducation bien comprise. Je prétends donc que ce que les enfants commencent par ressentir à leur façon, c'est le plaisir et la douleur, et que c'est là le lieu où le vice et la vertu commencent par s'installer dans leur âme, alors que le bon sens et l'assurance des jugements vrais, c'est une chance s'ils adviennent à l'homme, même en sa vieillesse ; du moins leur possession avec tout ce qu'ils comportent de bien est-elle le fait de l'homme accompli. Aussi ce que j'appelle éducation, c'est l'acquisition première que les enfants font de la valeur morale. »[1] Pour Platon, la sensibilité affective est immédiate ; elle est donnée, et ne résulte pas de l'éducation. Au contraire, le jugement, n'étant pas naturel, est acquis par l'éducation ; il peut fort bien ne jamais se produire, ne résultant pas d'une nécessité de nature. L'éducation manifeste toute sa force en tant qu'éducation à la raison, acquisition de la valeur morale. On peut reprocher à Platon l'idée que ce qui est naturel n'a pas besoin d'éducation, car l'éducation transforme la nature ; on peut discuter le fait que le jugement et la valeur morale soient liés pour lui d'une façon indissociable ; mais on ne peut pas nier qu'une véritable éducation soit une acquisition de la valeur morale.

Cette éducation ne peut pas être inculquée par la force ; Platon, le premier, a eu le sens précis de la nécessité d'une stratégie éducative envers les

1. Traduction Louis GUILLERMIT, in *Platon par lui-même*, Sommières, éditions de l'Éclat, 1989, p.34.

enfants. Il faut « éviter de donner à l'enseignement l'aspect d'une contrainte d'étude. » (*République*, 536 D) L'éducation prendra donc un premier appui sur le goût du jeu chez l'enfant ; il faut « mêler à leurs jeux l'aliment des études » (536 E). Au yeux de Platon, le goût de l'étude est moins spontané que le goût des exercices physiques. Ceci ne signifie pas que l'éducation du corps ne pose aucun problème ; au contraire, étant donné le goût enfantin pour l'effort physique, cette éducation peut être plus facilement contraignante ; le but des labeurs physiques est essentiellement de former l'endurance et de donner ainsi une forme certaine de résistance à la maladie. Que ce soit chez Platon, chez Montaigne ou chez Descartes, le but de l'éducation physique n'est pas de faire des champions ; elle est au contraire de résister le mieux possible à l'empire de la maladie. Or la maladie physique empêche l'homme tout entier de faire ce qu'il veut ; elle est une gêne considérable dans la vie courante ; d'autre part, les épidémies ont fait des ravages bien plus importants que les guerres ; elles ont décimé l'humanité dans une proportion bien plus grave, jusqu'à l'invention récente de la vaccination. L'idéalisme pédagogique du philosophe s'exprime donc bien dans la valeur qu'il accorde à l'éducation physique, comme à un vrai moyen pour l'homme d'affirmer sa liberté. Mais l'éducation physique n'est pas une fin en soi ; l'ériger en absolu est un désastre. « Tout au contraire, écrit Platon, c'est une âme bonne qui, par son excellence propre, procure au corps la condition la meilleure possible. » (*République* 403 D) ; en effet, seule l'âme est capable de juger quels sont les exercices physiques nécessaires, et comment les graduer en vue d'un résultat harmonieux. L'éducation physique a sa place dans l'éducation, mais elle est subordonnée à l'éducation de l'homme tout entier. Dans un petit dialogue, le *Charmide*, Platon disait déjà : « C'est dans l'âme en effet que, pour le corps et pour l'homme tout entier, les maux et les biens ont leur point de départ. » (156 E)

C'est l'essence morale de toute éducation qui a été le pivot de la réflexion du premier philosophe à avoir écrit en langue française, Montaigne. Lecteur original de Platon et de Plutarque, il n'a jamais considéré la pédagogie comme une science particulière, ni même comme une technique spécialisée. Enseigner la liberté de l'esprit par l'exercice du jugement suppose qu'on sache quelle est précisément cette liberté. L'éducation dépend donc de la sagesse ; les disciplines particulières n'ont pas autant d'importance que l'apprentissage de la fermeté morale et du courage. Et c'est pourquoi, d'une façon qui peut nous surprendre,

Montaigne admire plus l'éducation spartiate que l'éducation athénienne, et cette préférence ne fait que s'accroître au cours de sa vie, de la même façon qu'il se réfère de plus en plus souvent à Platon. Les mœurs humaines sont d'une diversité infinie, et Montaigne ne se lasse pas d'observer cette variété bigarrée des coutumes ; il est donc parfaitement conscient des différences entre les humains, de société à société, d'individu à individu. Mais ces différences n'entament pas l'universalité des principes qui fondent l'éducation : l'unité de la raison, et le jugement ; la valeur du courage et de la loyauté, quelle que soit la situation et la société. Bien souvent, les exemples tirés des « sauvages » servent à notre éducation morale, et montrent que les progrès du raffinement et des connaissances ne font malheureusement pas progresser la vertu. La valeur morale des sauvages est pleinement reconnue par Montaigne[2].

L'éducation reste un dressage superficiel tant qu'il s'agit d'apprendre à l'enfant comment suivre

2. Sur ce point, la position, fort courante, réaffirmée récemment par Claude Lévi-Strauss dans *Histoire de Lynx* (Paris, Plon, 1991, ch.XVIII), paraît insoutenable : le scepticisme de Montaigne ne concerne pas la raison, sans laquelle l'enjeu même des *Essais* disparaîtrait. Pour une juste appréciation du rôle de la raison chez Montaigne, voir Michaël BARAZ, *L'être et la connaissance selon Montaigne*, Paris, Corti, 1968, p.89-139.

correctement les usages de la société où il vit ; ceci
lui servira dans les rapports sociaux, mais ne va
pas au fond des choses. La véritable éducation
commence lorsque, se fondant sur la raison, le
précepteur apprend à son élève comment mettre
en œuvre son jugement. La raison saine est capable de penser les principes universels vrais pour
tous les hommes ; mais elle ne suffit pas à les
appliquer, car tous les cas sont particuliers. Et, au
lieu de refuser la particularité, Montaigne pense
qu'il faut l'assumer jusqu'au bout : l'éducation du
jugement, c'est le moyen unique de se former une
personnalité authentique ; nous devons affirmer
notre personnalité et nous réaliser nous-mêmes.
Certes Montaigne ne conçoit ceci comme possible
que chez les âmes nobles, dans le contexte aristocratique de son temps. Mais ce qu'il dit a valeur
universelle : Lavelle, qui a lu Montaigne, montre-
ra qu'en toute chose, même l'abnégation la plus
douloureuse, il n'est question que de se réaliser
pleinement. L'éducation n'a pas à « meubler »
l'âme, mais à la « forger ». La personnalité vraie
– que Lavelle appellera le « génie propre » – est
une unité souple et capable de s'adapter sans se
renoncer ; elle allie la spontanéité, le naturel, et la
rationalité. Tels sont les modèles de Socrate et de
Caton, mais plus encore de Socrate que de Caton :
« On voit aux âmes de ces deux personnages et de

leurs imitateurs (car de semblables je fais grand doute qu'il y en ait eu) une si parfaite habitude à la vertu qu'elle leur est passée en complexion. Ce n'est plus vertu pénible, ni des ordonnances de la raison, pour lesquelles maintenir il faille que leur âme se raidisse ; c'est l'essence même de leur âme, c'est son train naturel et ordinaire. Ils l'ont rendue telle par un long exercice des préceptes de la philosophie, ayant rencontré une belle et riche nature. » (II, 11, 468)[3]

Philosophie et éducation :
la philosophie peut-elle s'enseigner ?

Éduquer, c'est donc enseigner à l'homme une vraie philosophie. Or l'enseignement de la philosophie pose la question fameuse : la philosophie peut-elle s'enseigner ? C'est une question posée depuis Platon, qui refusait la conception des sophistes selon laquelle tout peut s'enseigner. Or, pour Platon, ce qui doit être enseigné, c'est la vérité à laquelle atteint, seule, la philosophie. Je crois qu'il faut lire Platon avec les yeux de l'humanité post-moderne qui s'approche du troisième millénaire : ce message signifie pour nous, non pas que la philosophie peut seule atteindre la vérité, mais qu'elle est seule à chercher une vérité

3. Je renvoie à l'édition Saulnier-Villey.

globale, synthétique, alors que les autres connaissances ne nous donnent que des vérités partielles, et que, par conséquent, notre enseignement de la philosophie est éducation de l'homme au plus fort sens du terme. Et la leçon de l'idéalisme, de Platon à Hegel, est que l'enseignement de la philosophie est d'abord dépendant du contenu qui est enseigné ; Hegel souligne à juste titre combien la philosophie doit être enseignée comme un savoir, contre la thèse de Kant qui disait : on n'apprend pas la philosophie, mais on apprend seulement à philosopher.

On peut donc développer les deux points suivants :

1°/ enseigner la philosophie, c'est éduquer l'homme, et ce, dans les élèves, les étudiants qui nous sont donnés.

2°/ enseigner la philosophie, c'est présenter à autrui un *savoir vrai*.

L'éducation de l'humanité

La philosophie des Lumières a cru, très explicitement, à l'éducation de l'humanité et au progrès de la culture dans l'histoire ; sur ce point, on peut la suivre. Les aphorismes de Lessing intitulés *Die Erziehung des Menschengeschlechts* (*L'éducation du genre humain*) distinguent l'enfance de l'homme et son âge adulte. L'enfance a besoin de la Révélation pour progresser ; mais l'âge adulte, qui est celui des Lumières, peut se passer de la Révélation, et lui substituer la connaissance philosophique purement rationnelle. Cette vision des choses définit une position rationaliste bornée dans laquelle la raison ne s'oppose pas directement à la Révélation, mais l'élimine en la remplaçant ; il ne saurait donc y avoir aucune compatibilité entre le deux. La grosse difficulté est que la raison n'est pas originaire ; elle ne se suffit pas à elle-même ; elle est l'instrument par lequel nous perfectionnons la forme de notre connaissance ; elle est indispensable, mais elle n'est pas à elle-même sa propre source. La meilleure preuve en est que la connaissance mathématique, rationnelle s'il en est, progresse par des inventions qui ne relèvent en rien de la pure raison ; et ceci peut être généralisé, de l'avis unanime des savants : le progrès de la connaissance scientifique n'est pas dû à la seule raison, mais implique l'imagination créatrice des chercheurs. Ce n'est donc pas tant la conception de la révélation comme irrationnelle qui est fausse dans la théorie de Lessing que celle de la raison comme autosuffisante. La raison, livrée à elle-même, n'a pas de sol où s'enraciner ; Heidegger a raison de demander dans quel sol l'arbre cartésien de la connaissance plonge ses racines, et de quel sol il tire les sucs qui le font vivre et croître. Ce qu'il n'a pas vu, c'est que la conception kantienne de la raison n'est pas vraiment supérieure à celle de Descartes, car Kant laisse dans un mystère profond le rôle de l'imagination dans la connaissance rationnelle[4], de même que le rôle de la nature dans la constitution du génie, et par conséquent renchérit sur le rationalisme de Lessing.[5]

La position de Fichte mérite de retenir notre attention. La quatrième des *Conférences sur la destination du savant* (1794) explique sans broncher que le philosophe est l'éducateur du genre humain, selon une référence implicite à l'allégorie de la caverne dans la *République* de Platon. Pour éduquer le genre humain, le philosophe a besoin de trois sortes de connaissances : des connaissances purement philosophiques, qui sont celles de l'essence de l'homme. Kant ne disait-il pas que les trois questions de la philosophie

---

4. Ce n'est pas ici le lieu de discuter le très subtil commentaire de l'imagination transcendantale que donne Heidegger dans *Kant et le problème de la métaphysique*, traduction de Waelhens et Biemel, Paris, Gallimard, 1953, réédition en collection TEL, 1981, p.183-257.

5. Même si *La religion dans les limites de la simple raison* est une étude qui, malgré son titre arrogant, laisse place à bien des considérations empiriques et pragmatiques sur la nature historique du christianisme.

critique : Que puis-je connaître ? que dois-je faire ? que m'est-il permis d'espérer ? revenaient en fait à une seule : qu'est-ce que l'homme ? Fichte est fidèle à l'esprit de la philosophie transcendantale, qu'il précise en indiquant que connaître l'homme, c'est connaître tous ses besoins et toutes ses tendances. Mais il ne pense pas que cette connaissance purement théorique suffise. Le philosophe doit donc avoir des connaissances philosophico-historiques, destinées à lui apprendre comment appliquer les connaissances spéculatives à la pratique. Fichte a vu ici que la lucidité philosophique risquait d'être désespérante pour le genre humain si elle se bornait à une connaissance dénuée de toute efficacité. Et il a cru qu'on pouvait donner une efficacité directe à la philosophie. La troisième sorte de connaissance nécessaire au philosophe, ce sont les connaissances proprement historiques : car le philosophe doit être capable de situer son époque dans l'histoire de l'humanité ; Fichte ne comprend pas ceci au sens des philosophies de l'histoire du XIXème siècle à venir, mais en un sens plus voisin de Montesquieu dans *L'esprit des lois* : lui-même a intitulé un de ses ouvrages destinés au grand public *Les traits fondamentaux de l'époque présente* (*Grundzüge des gengenwärtigen Zeitalters*), dans lequel il s'agit de dégager le sens des notions de conscience, de liberté, de loi morale. On voit que pour Fichte, Montesquieu est un historien exemplaire ; et on peut noter que la philosophie de l'histoire de Hegel, avec l'analyse très statique des quatre empires (oriental, grec, romain et germanique), est beaucoup plus proche de celle de Montesquieu que de celles de Marx et d'Auguste Comte après lui. On voit, au terme de cette rapide présentation, que le philosophe ne saurait éduquer le genre humain s'il est un pur spéculatif ; sans doute « le naturel philosophe » dont parlait Platon, va-t-il d'abord à la spéculation, et est-il seul capable de véritable spéculation ; mais le vrai philosophe – qui n'est pas seulement l'esprit doué pour la philosophie – ne se contente pas de cela : Platon rappelle le devoir du prisonnier qui s'est délivré (on ne sait comment) des chaînes de la caverne, de retourner aider ses compagnons à se délivrer à leur tour. C'est bien la même ambition qui anime Fichte.

On peut penser qu'il s'agit là d'un rôle trop ambitieux pour le philosophe, et que le monde actuel nous montre les philosophes dans un rôle très effacé, volontairement ou non. Néanmoins, Fichte est plus modeste que Platon et sait bien que la philosophie n'est pas au pouvoir, et qu'on ne peut confondre théorie et pratique. Une première objection qu'on pourrait faire à la thèse fichtéenne est la suivante : n'est-ce pas l'illusion du « pouvoir spirituel » qui renaît dans ces pages ? En fait, la philosophie implique la renonciation à tout *pouvoir réel*. Il y a quelque chose de dérisoire dans la naïveté prétentieuse d'un Heidegger croyant que le destin du monde est changé parce qu'il a prononcé un diagnostic de l'époque actuelle. Le seul pouvoir de la philosophie est d'éveiller des résonances chez l'interlocuteur ; mais elle est incapable de transformer le monde ; elle vient toujours trop tard. Quand Hegel s'exprime ainsi, dans la préface des *Principes de la philosophie du droit*, on sent une grande nostalgie ; la lucidité philosophique est impuissante, et vient après coup. Mais on doit reconnaître aujourd'hui que même cette nostalgie est de trop. Le philosophe ne doit avoir aucun regret de ne pas transformer le monde ; ce n'est pas son rôle, et s'il cherche à le faire, il déchoit de la philosophie vers l'idéologie, c'est-à-dire vers un discours qui n'a d'autre justification que de légitimer une pratique. Au contraire, la décision philosophique commence avec la renonciation à tout pouvoir. Mais Fichte a raison quand il dit que la connaissance des besoins et des maladies humaines (dans l'ordre de l'esprit) conduit au désespoir si elle n'est pas accompagnée de la connaissance des moyens pour satisfaire ces besoins et guérir ces maladies. Il n'a pas clairement compris cependant qu'il y avait aussi des raisons subjectives à ce désespoir éventuel. Il faut avoir le « naturel philosophe » pour supporter la lucidité philosophique sans être conduit au désespoir.

C'est alors qu'une nouvelle objection surgit, liée à ce « naturel philosophe » : si tout le monde n'a pas le naturel philosophe, comment peut-on dire que la philosophie est éducatrice du genre humain ? En réalité, la philosophie ne convient pas à tout le monde, mais ce n'est pas au philosophe de choisir à qui il veut s'adresser ; il s'adresse à l'humanité, par le biais des élèves qui sont les siens. Ce qui veut dire que, bien que la philosophie soit réservée comme tâche propre à quelques esprits distingués seulement, toute l'humanité profite d'elle dans le cadre du progrès général de la culture. A notre époque, la philosophie peut seule aider à rétablir les ponts entre les divers éléments d'une culture morcelée, spécialisée à outrance. Le positivisme implicite se satisfait de discours techniques hétérogènes entre eux. Mais l'homme ne peut s'en satisfaire, car cette technicité parcellaire détruit l'image unifiée de l'homme. Cependant, on doit prendre garde que ce n'est pas en cherchant un langage commun – qui ne serait en fait qu'un langage moyen aux concepts mous et aux articulations invertébrées – que la philosophie peut servir au progrès de l'humanité contemporaine. C'est au contraire en gardant ses propres exigences de valeur, sa propre orientation spéculative, que la philosophie peut maintenir une unité de l'homme au travers des multiples langages parcellaires des spécialités innombrables.

Une troisième objection à la thèse fichtéenne est que, contrairement à ce qui pouvait se passer du temps de Platon, la philosophie n'est pas la seule éducatrice de l'humanité. La famille, la religion jouent un rôle essentiel dans l'éducation de l'homme. De multiples savoirs nous sont transmis par ces voies, et ce sont tout autant des savoirs que les savoirs scientifiques. C'est une étrange aberration que de croire que seules les sciences méritent le nom de savoirs, alors que nous vivons tous, en notre existence quotidienne, sur la base de savoirs acquis, qui sont des savoirs sociaux, où la transmission ne se fait pas par l'école. L'erreur du XIXème siècle – partagée par Fichte, en tant que grand prédécesseur - a été de croire que l'école avait le rôle unique, comme l'erreur de Platon avait été de croire que la philosophie était le seul savoir. En réalité, l'éducation forme un tout. Le scientisme conçoit à tort tous les savoirs sur le modèle des sciences exactes. Or les problèmes de valeur ne sont pas posés par les sciences. Kant soulignait, à la suite de Jean-Jacques Rousseau, que le plus haut usage de la raison est de guider nos actions. En ce sens la religion, comme première forme d'explicitation des valeurs en tant qu'objets de foi, est liée à la raison pratique. C'est que Kant avait une notion globale et synthétique de la raison, alors que les sciences particulières, enfermées dans leurs spécialités étroites, ne connaissent que des rationalités particulières. Le point de vue purement positiviste des spécialités est de considérer la « Raison pure » comme un fantasme, et de ne pas vouloir quitter le terrain des rationalités sectorielles.

La philosophie est donc indispensable à l'éducation de l'homme. Cependant tous les hommes ne peuvent pas être philosophes. C'est par une confusion de termes qu'on dit souvent : chacun a sa philosophie. Car le mot « philosophie » est alors utilisé à contresens ; il ne désigne que l'ensemble des maximes pratiques auxquels chacun tient plus qu'à d'autres, en raison de sa propre personnalité. En réalité, tous les hommes ne peuvent pas plus être philosophes qu'ils ne peuvent être poètes, car c'est un engagement entier de l'existence et un mode d'expression d'une austérité et d'une rigueur exceptionnelles. Tous les hommes cependant pourraient recevoir la philosophie s'ils avaient une culture suffisante. En tout cas, l'universalité de la philosophie, à travers la diversité des langues où elle s'exprime, ne fait pas plus de doute que l'universalité des mathématiques ; ce n'est pas parce que tout le monde – et loin de là – ne peut comprendre les mathématiques que l'universalité des mathématiques est remise en question.

Cette universalité de la philosophie, nous la voyons pénétrer dans l'historicité empirique quand nous observons les progrès de la démocratie dans le monde ; car ils correspondent à la thèse philosophique de la valeur irremplaçable de la liberté individuelle, et à la reconnaissance de la personne humaine en sa dignité. A ce point, Hegel nous rappelle que la philosophie n'a pas d'efficacité directe, immédiate, mais qu'elle exerce une profonde influence, en quelque sorte souterraine ; c'est là le sens de la ruse de la raison, qui utilise les passions individuelles, en apparence déraisonnables, pour faire progresser la rationalité philosophique dans le monde. Le progrès des « droits de l'homme » est un parfait exemple de la ruse de la raison : une revendication individualiste, fondée sur la passion de l'indépendance, fait progresser une idée philosophique universelle, celle du droit de chacun à la liberté (liberté de mouvement, liberté d'expression, liberté de pensée et d'opinion, liberté politique du citoyen). Raymond Aron a fait, sur la ruse de la raison, le plus beau contresens qui soit, en prétendant que ce travail souterrain de la raison aboutissait à priver l'homme individuel de toute initiative et de sa faculté de raisonner par lui-même. En fait Hegel a seulement rappelé que la philosophie ne saurait avoir une efficacité historique immédiate, car la spéculation est un art difficile qui ne peut « être destiné qu'à un petit nombre » (Lettre à Göschel du 13 Décembre 1830).

La philosophie comme savoir vrai

En affirmant fortement que la philosophie peut et doit s'enseigner comme un savoir vrai, Hegel veut souligner deux choses :

1°) que toute démarche philosophique est suspendue à un désir de vérité : la philosophie ne peut pas être seulement formelle, bien que la tentation du formalisme la guette toujours. C'est cette tentation qui est celle du scepticisme implicite contenu dans les philosophies qui se bornent à la théorie de la connaissance, ou à l'herméneutique des textes. La dimension verticale de la philosophie s'oppose à tout historicisme : chez Hegel, le concept d'éternité signifie l'intemporalité essentielle des valeurs présentes dans l'histoire et qui dépassent l'histoire ; ainsi, dans la profondeur de son présent, chaque époque peut lire l'éternité de ce qui l'a précédée.

2°) que les problèmes particuliers liés aux difficultés d'enseigner la philosophie sont extérieurs à la philosophie, et secondaires, si nous sommes bien persuadés que c'est la vérité que nous transmettons. Hegel lui-même n'était pas un grand pédagogue, au sens où il avait une élocution difficile à suivre, et où il négligeait la forme de ses cours. A l'époque d'Iéna, les cours de métaphysique de 1801-1802 nous sont connus par les notes de son élève Troxler[6], qui suivait en même temps les cours de Schelling et devint médecin. Hegel était alors dans la situation difficile du *Dozent*, alors que Schelling était professeur, et très brillant enseignant. Hegel ne put terminer le cours commencé, faute d'étudiants, et en raison de sa dépression profonde. Sa pensée restait cependant fort nette. Les cours de Berlin qui nous restent, en particulier ceux d'histoire de la philosophie et de philosophie du droit, nous montrent qu'il savait aller à l'essentiel et présenter ses idées d'une façon plus simple que dans ses ouvrages. Cependant, Hegel pensait que tous ces problèmes pédagogiques sont extérieurs à la philosophie elle-même. Pour lui, l'essentiel est de savoir qu'on

6. Ces notes ont été publiées par Klaus Düsing : I.P.V. TROXLER *Schellings und Hegels erste absolute Metaphysik (1801-1802)*, Cologne, Jürgen Dinter Verlag, 1988.

transmet la vérité. Si l'essentiel devient la façon dont on la transmet, alors c'est qu'on a perdu la visée philosophique véritable, et la confiance dans la vérité qui l'accompagne.

La question est donc plus une question de fond qu'une question de méthode : Hegel s'oppose à toute philosophie immédiate, à tout pseudo-socratisme. Il combat cette fausse image qui fait de Socrate le maître du spontanéisme philosophique, en soulignant combien Platon met en évidence les difficultés de la dialectique socratique, qui sont les difficultés de la vraie philosophie spéculative. A travers la fausse image de Socrate, c'est la philosophie de Jacobi que combat Hegel, celle qui commence au coup de pistolet. L'idée de la *Phénoménologie de l'esprit*, du moins dans le projet initial d'une « science de l'expérience de la conscience », est que la philosophie s'apprend progressivement, par un cheminement fort long de la conscience qui ne connaît la vérité de sa propre expérience qu'après l'avoir vécue et être passée à une autre, de sorte que la pratique vivante et la réflexion théorique ne coïncident jamais, mais que celle-ci succède à celle-là, jusqu'à leur réunification dans la récollection de toutes les expériences par le savoir absolu.

Du point de vue scolaire, la philosophie n'étant pas immédiatement accessible aux jeunes élèves, il convient de leur enseigner des « sciences philosophiques préparatoires », qui les feront passer du niveau de la représentation au niveau de la raison, qui leur permettront d'abandonner l'opposition stérile entre idéalité et réalité, en leur montrant que la réalité la plus haute est la spéculation philosophique. La réflexion sur le droit, l'éthique et la religion est un chemin pédagogique vers la réflexion absolue. La logique est également nécessaire, en un second temps, pour faire connaître aux élèves, avant l'université, l'existence d'un « royaume de la pensée pour elle-même » ; le sens du terme de « logique » chez Hegel, inclut la métaphysique, et exclut la théorie des règles de constitution des propositions rationnelles ; c'est la science des idées en tant qu'elles sont à elles-mêmes leur propre contenu, et ne renvoient qu'à elles-mêmes. La philosophie est donc nécessaire dans l'enseignement secondaire pour familiariser les élèves avec l'abstraction pure, et avec le moment négatif de la réflexion, à savoir le moment dialectique. Alors que Platon estimait que la dialectique est trop sérieuse pour être enseignée à la jeunesse, qui risque de n'y voir qu'un jeu, et de la dénaturer, Hegel estime qu'il faut forcer les jeunes élèves à se dégager de la positivité et de la plénitude objectives, en lesquelles ils rêvent de s'absorber, pour qu'ils comprennent la nécessité absolue de la négation dans la pensée philosophique.

Les élèves du secondaire n'auront pas accès aux sciences philosophiques véritables, telles qu'elles sont établies dans l'*Encyclopédie*. Car la vraie philosophie est contenue, comme la vérité de toutes choses, dans des « sciences philosophiques ». Malheureusement cette idée n'a pas eu d'heureuses conséquences dans la pensée moderne, qui est spontanément éloignée de tout dogmatisme. Or l'interprétation universitaire des « sciences philosophiques » hégéliennes a été donnée d'une façon exemplaire par Edouard Zeller, le grand historien de la philosophie et de l'Eglise apostolique, qui fut une autorité exceptionnelle, par l'étendue de son savoir, dans l'université allemande de la seconde moitié du XIXème siècle, en particulier à Berlin. Or Zeller, qui était tout à fait hégélien au départ, a fini par être un historien dogmatique : les sciences philosophiques sont devenues des sciences historiques, d'où la réflexion et l'interprétation personnelle étaient bannies. Le théologien spéculatif est devenu un historien dogmatique. Cette chute à la positivité prétendument objective a pesé comme un destin sur l'université européenne ; il est indéniable que l'efficacité pédagogique du savoir purement objectif est plus grande que celle de la réflexion suggestive. Mais il y a là une grande perte du point de vue de l'enseignement de la philosophie. Car, comme l'a admirablement dit Georg Simmel, contemporain et ami de Bergson, « La philosophie est une chose totalement différente si on l'observe de l'extérieur, et historiquement, et si on la pratique de l'intérieur. » En effet, pratiquer la philosophie, c'est considérer les idées pour elles-mêmes, en dehors de toutes les conditions socio-historiques qui les ont vues naître.

Ainsi la réflexion sur les thèses hégéliennes nous apprend les raisons de la difficulté d'un enseignement de la philosophie. Vue de l'extérieur, la philosophie peut être utile comme une méthode rationnelle pour penser, comme une discipline formelle. C'est là une part de l'usage pédagogique de la philosophie ; mais le philosophe doit être conscient que c'est là une fonction contraire à la démarche philosophique elle-même. Mais en son essence, la philosophie ne saurait être immédiate-ment accessible. Le savoir philosophique véritable est un savoir objectif et subjectif à la fois : il y a un contenu de la philosophie qui est la considération des idées en et pour elles-mêmes ; mais ce contenu est absolument inaccessible à celui qui ne l'inté-riorise pas. Et le savoir philosophique présuppose une conversion subjective : certes nous ne sommes pas obligés de refaire, chacun pour notre compte, la totalité des expériences de la conscience avant qu'elle parvienne au savoir absolu ; nous devons les trouver en nous-mêmes dans la profondeur présente de notre esprit, car ces expériences sont des attitudes ou dispositions d'esprit (*Gesinnungen*) qui sont toujours conservées, et auxquelles nous participons nous-mêmes. La démarche fondamentale de l'*Er-innerung* philosophique, ou réminiscence intériorisante, suppose que l'on commence par *apprendre* la philosophie avant d'apprendre à philosopher ; il faut s'être dépouillé de soi-même dans une désappropriation complète, s'être absorbé dans la philosophie comme savoir objectif existant, pour pouvoir ensuite l'intérioriser.

Au-delà de la philosophie : l'éducation comme découverte de la vocation personnelle

Et c'est ici que nous rejoignons la conception exemplaire de Louis Lavelle : la réflexion philosophique est « analyse créatrice ». Il faut partir du tout en philosophie ; le tout nous est donné d'abord ; à nous de savoir l'appréhender, par delà les savoirs sectoriels, spécialisés qui sont les nôtres. L'intériorisation est analyse de cette totalité initiale ; et, contrairement à la thèse de Kant sur les jugements analytiques, l'analyse est la démarche même de la création philosophique. Ici nous dépassons le cadre de l'enseignement de la philosophie. Mais il n'en reste pas moins que si l'on parvient à faire prendre conscience aux élèves que la philosophie est un tout dont ils doivent apprendre quelques éléments pour pouvoir ensuite en faire leur profit pour leur propre compte, on a déjà réussi une tâche difficile ; on a déjà contribué à éduquer l'homme.

L'expérience concrète de la pédagogie philosophique est toujours une expérience de frustration pour l'enseignant, qui mesure à la fois l'exigence de la totalité de la philosophie en soi, et le peu de résultat qu'il obtient chez des élèves qui restent fort extérieurs à la profondeur de la démarche philosophique. Et cependant, à travers la déception momentanée, c'est une grande et noble tâche qui s'accomplit. Ceux qui enseignent la philosophie ne mesurent pas l'efficacité de leur enseignement, de même que, lorsque nous réfléchissons, nous ne sommes pas à nous-mêmes la mesure de notre originalité ; il n'est pas souhaitable de chercher l'efficacité ni l'originalité pour elles-mêmes. Mais on peut avoir l'espoir d'y parvenir, à la condition toutefois de ne pas en faire un objectif fondamental. Le seul objectif fondamental est la vérité, car c'est la seule chose qui puisse nous donner la force de surmonter tous les obstacles, obstacles innombrables qui sont inhérents à la pensée philosophique et que rien ne pourra faire disparaître.

Mais l'acte philosophique porte en lui-même la marque de ce que Bergson considérait comme la qualité principale de l'homme, la capacité de se dépasser lui-même. Les difficultés particulières à l'enseignement de la réflexion abstraite ne doivent pas faire oublier la valeur propre de chaque être humain. Il est parfaitement possible que, là où le savoir ne passe pas, se transmette un enseignement profond, celui que Montaigne souhaitait, l'apprentissage de la valeur humaine. La responsabilité personnelle est matière à éducation.

Le plus avisé des psychologues de l'enfant du vingtième siècle, Winnicott[7], a su dire clairement qu'il n'y avait point d'éducation qui ne se fonde sur l'idée de responsabilité ; contre la tendance qui visait à tirer de la psychanalyse freudienne une doctrine naturaliste qui priverait l'individu de sa responsabilité morale, Winnicott a simplement montré que le nourrisson avait une reponsabilité à l'égard de sa mère, et que la tâche formatrice consistait à lui faire prendre conscience de sa

7. Donald W. Winnicott, psychanalyste anglais, 1896-1971 ; voir C. GEETS, *Winnicott*, Paris, Jean-Pierre Delarge éditeur, 1981, et Anne CLANCIER et Jeannine KALMANOVITCH, *Le paradoxe de Winnicott*, Paris, Payot, 1984.

responsabilité à l'égard d'autrui. Oter à l'enfant toute responsabilité, c'est lui refuser la dignité d'être humain. La tâche éducative, fondée sur cette nécessité d'élever l'enfant au sentiment de sa responsabilité, consiste précisément à trouver le juste équilibre entre une absence totale de responsabilité, et une responsabilité trop lourde et écrasante. Accabler l'enfant d'une responsabilité à laquelle il ne peut faire face et qu'il n'a pas les forces morales d'assumer est tout aussi nocif pour l'éducation de sa personnalité que de le considérer comme innocent de tout. Le sentiment de la responsabilité, qui fait partie de la fierté humaine, devient pathologique s'il se transforme en sentiment obsédant de culpabilité. La fonction de l'éducation est toujours personnelle ; et on peut faire de lourdes erreurs à partir de bons principes. Car il s'agit d'adapter les principes au cas particulier.

A un niveau plus élevé, Lavelle ne dit pas autre chose quand il montre que chacun a son génie propre, mais que, très généralement, il ne sait pas le voir. Une éducation réussie sera celle qui aura permis à chacun de trouver la vocation qui lui est propre. Le terme de vocation a généralement été utilisé exclusivement dans le domaine religieux ou professionnel ; mais il peut s'entendre en un sens plus large, comme le sentiment d'unité de la personne au travers de ses diverses activités. Les désirs et les possibilités d'un enfant sont infiniment plus nombreux que ce qu'il peut réaliser ; le rôle de l'éducation est de faire en sorte que ce qu'il réalise lui donne plus de satisfaction personnelle que ne lui procure de frustration le sacrifice de ce qu'il ne peut réaliser . Il y a un problème de choix à la racine du problème de la vocation ; ce choix est facile pour certains, et difficile pour d'autres. L'éducation n'est pas nécessaire à ceux pour lesquels le choix est facile ; au contraire, elle est indispensable à ceux qui ne savent pas choisir par eux-mêmes, de façon qu'ils puissent trouver assurance dans le choix qu'ils auront fait, et ne pas laisser les événements choisir à leur place. En ce sens, la vocation, c'est la réalisation de soi-même par le sacrifice librement consenti de mille possibilités qu'on écarte.

L'éducation est donc cette tâche éminemment philosophique qui consiste à se fonder sur la capacité morale de l'homme, sur la nécessité d'éveiller et de développer la volonté humaine, et à discerner la valeur particulière de chaque être humain. L'homme étant un être éduquable, infiniment perfectible, toujours capable de se dépasser lui-même, l'éducation ne saurait être l'apprentissage d'une adaptabilité universelle : ce serait faire de l'homme un caméléon malicieux. Ce que seule l'éducation peut apporter, c'est la rigueur intellectuelle et morale par rapport à autrui et par rapport à soi-même ; elle doit fuir l'écueil d'un idéal purement abstrait, qui définit un idéalisme éducatif impuissant à se confronter à la réalité des faiblesses humaines, mais aussi l'écueil inverse d'une identification trop simpliste, et très spontanée à l'enfant (comme à beaucoup d'adultes), des valeurs de l'éducation à la personne de l'éducateur, ou à un modèle admiré.

On ne devrait pas conclure sur un sujet qui dépend de l'engagement individuel de chacun, à la fois comme éduqué et comme éducateur. On laissera simplement la parole à Charles Péguy : « Quand une société ne peut pas enseigner, ce n'est point qu'elle manque actuellement d'un appareil ou d'une industrie, c'est qu'elle a honte, c'est qu'elle a peur de s'enseigner elle-même ; pour toute humanité, enseigner, au fond, c'est s'enseigner ; une société qui n'enseigne pas, c'est une société qui ne s'aime pas, qui ne s'estime pas. »[8]

---

8. Cité par Marguerite LÉNA dans son beau livre, *L'esprit de l'éducation*, Paris, Communio/Fayard, 1981, p.142.

Texte 1

Montaigne : De l'institution des enfants
(Essais, livre I, ch. XXVI) [1] :

[A] À un enfant de maison[a] qui recherche les lettres, non pour le gain (car une fin si abjecte est indigne de la grâce et faveur des Muses[b], et puis elle regarde et dépend d'autrui[c]), ni tant pour les commodités externes que pour les siennes propres, et pour s'en enrichir et parer au dedans, ayant plutôt envie d'en tirer[d] un habile homme qu'un homme savant, je voudrais aussi qu'on fût soigneux de lui choisir un conducteur qui eût plutôt la tête bien faite que bien pleine[e], et qu'on y requît tous les deux[f], mais plus les mœurs et l'entendement[g] que la science ; et qu'il se conduisît en sa charge d'une nouvelle manière[2].

On[h] ne cesse de criailler à nos oreilles, comme qui verserait dans un entonnoir, et notre charge[i], ce n'est que redire ce qu'on nous a dit. Je voudrais qu'il[j] corrigeât cette partie, et que, de belle arrivée, selon la portée[k] de l'âme qu'il a en main, il commençât à la mettre sur la montre[1], lui faisant goûter les choses, les choisir et discerner d'elle même ; quelquefois lui ouvrant chemin, quelquefois le lui laissant ouvrir. Je ne veux pas qu'il invente et parle seul, je veux qu'il écoute son disciple parler à son tour. [C] Socrates et, depuis, Archésilas[3], faisaient premièrement parler leurs disciples, et puis ils parlaient à eux. « *Obest plerumque iis qui discere volunt auctoritas eorum qui docent* [4] ».

Il est bon qu'il le fasse trotter devant lui pour juger de son train[m], et juger jusques à quel point il se doit ravaler pour s'accommoder à sa force[n]. À faute de cette proportion[o] nous gâtons tout ; et de la savoir choisir, et s'y conduire bien mesurément, c'est l'une des plus ardues besognes que je sache ; et est l'effet d'une haute âme et bien forte, savoir condescendre à ses allures puériles[p] et les guider. Je marche plus sûr et plus ferme à mont qu'à val[5].

Ceux qui, comme porte[6] notre usage, entreprennent d'une même leçon et pareille mesure de conduite régenter plusieurs esprits de si diverses mesures et formes, ce n'est pas merveille si, en tout un peuple d'enfants, ils en rencontrent à peine deux ou trois qui rapportent quelque juste fruit de leur discipline[q].

[A] Qu'il ne lui demande pas seulement compte des mots de sa leçon, mais du sens et de la substance, et qu'il juge du profit qu'il aura fait, non par le témoignage de sa mémoire, mais de sa vie[7]. Que ce qu'il viendra d'apprendre, il le lui fasse mettre en cent visages et accommoder à autant de divers sujets, pour voir s'il l'a encore bien pris et bien fait sien, [C] prenant l'instruction de son progrès des pédagogismes de Platon[8]. [A] C'est témoignage de crudité et indigestion que de regorger la viande comme on l'a avalée. L'estomac n'a pas fait son opération, s'il n'a fait changer la façon et la forme à ce qu'on lui avait donné à cuire[9].

[B] Notre âme ne branle qu'à crédit[r], liée et contrainte à l'appétît des fantaisies d'autrui, serve[s] et captivée sous l'autorité de leur leçon[10]. On nous a tant assujettis aux cordes que nous n'avons plus de franches allures[t]. Notre vigueur et liberté est éteinte. [C] « *Nunquam tutelæ suæ fiunt*[11] » [B] Je vis privément à Pise un honnête homme[12], mais si Aristotélicien, que le plus général de ses dogmes est : que la touche et règle de toutes imaginations solides et de toute vérité, c'est la conformité à la doctrine d'Aristote ; que hors de là, ce ne sont que chimères et inanité ; qu'il a tout vu et tout dit. Cette proposition, pour avoir été un peu trop largement et iniquement interprétée, le mit autrefois et tint longtemps en grand accessoire[u] à l'inquisition à Rome.

[A] Qu'il lui fasse tout passer par l'étamine[13] et ne loge rien en sa tête par simple autorité et à crédit [14] ; les principes d'Aristote ne lui soient principes, non plus que ceux des Stoïciens ou Épicuriens. Qu'on lui propose cette diversité de jugements : il choisira s'il peut, sinon il demeurera en doute. [C] Il n'y a que les fous [qui soient] certains et résolus[15].

[A] *Che non men che saper dubbiar m'aggrada.*[16]

Car s'il embrasse les opinions de Xénophon et de Platon par son propre discours, ce ne seront plus les leurs, ce seront les siennes. [C] Qui suit un autre, il ne suit rien[17]. Il ne trouve rien, voire il ne cherche rien. « *Non sumus sub rege ; sibi quisque se vindicet*[18] » Qu'il sache qu'il sait, au moins. [A] Il faut qu'il emboive leurs humeurs, non qu'il apprenne leurs préceptes. Et qu'il oublie

hardiment, s'il veut, d'où il les tient, mais qu'il se
les sache approprier. La vérité et la raison sont
communes à un chacun[19], et ne sont non plus à qui
les a dites premièrement, qu'à qui les dit après. [C]
Ce n'est pas non plus selon Platon que selon moi,
puisque lui et moi l'entendons et voyons de même.
[A] Les abeilles pillotent, deçà, delà, les fleurs,
mais elles en font après le miel, qui est tout leur[20] ;
ce n'est plus thym, ni marjolaine : ainsi les pièces
empruntées d'autrui, il les transformera et
confondra, pour en faire un ouvrage tout sien : à
savoir son jugement. Son institution, son travail et
étude ne vise qu'à le former.

[C] Qu'il cèle tout ce de quoi il a été secouru,
et ne produise que ce qu'il en a fait. Les pilleurs,
les emprunteurs mettent en parade leurs bâti-
ments, leurs achats, non pas ce qu'ils tirent d'autrui. Vous ne voyez pas les épices d'un homme de
parlement, vous voyez les alliances qu'il a gagnées
et honneurs à ses enfants[21]. Nul ne met en compte
public sa recette : chacun y met son acquet[v] .

Le gain de notre étude, c'est en être devenu
meilleur et plus sage.

[A] C'est, disait Epicharmus[22], l'entendement
qui voit et qui oit, c'est l'entendement qui appro-

fite tout, qui dispose tout, qui agit, qui domine et qui règne : toutes autres choses sont aveugles, sourdes et sans âme. Certes nous le rendons servile et couard, pour ne lui laisser la liberté de rien faire de soi[w] . Qui demanda jamais à son disciple ce qu'il lui semble [B] de la Rhétorique et de la Grammaire [A], de telle ou telle sentence de Cicéron ? On nous les plaque en la mémoire toutes empennées[x], comme des oracles où les lettres et les syllabes sont de la substance de la chose. [C] Savoir par cœur n'est pas savoir[23] : c'est tenir ce qu'on a donné en garde à sa mémoire. Ce qu'on sait droitement, on en dispose, sans regarder au patron[y], sans tourner les yeux vers son livre. Fâcheuse suffisance[z], qu'une suffisance purement livresque ! Je m'attends qu'elle serve d'ornement, non de fondement, suivant l'avis de Platon, qui dit la fermeté, la foi, la sincérité être la vraie philosophie, les autres sciences et qui visent ailleurs, n'être que fard[24].

Notes philologiques

a. À un enfant noble, un fils de famille.

b. La faveur des Muses est une expression usuelle qui désigne le talent littéraire, pour autant qu'il n'est pas seulement le fruit du travail.

c. Elle regarde autrui et en dépend : il doit satisfaire ceux qui vont le payer.

d. « En » désigne l'enfant qu'il s'agit d'éduquer.

e. Le conducteur est le précepteur. L'expression « tête bien faite » était déjà employée avant Montaigne, qui la renouvelle en l'opposant à la « tête bien pleine »

f. C'est-à-dire : qu'on demandât les deux choses à son précepteur.

g. La moralité et l'intelligence du jugement ; cf. PLUTARQUE, *Œuvres morales et mêlées* (De l'éducation des enfants, § 7) souligne la nécessité de la moralité et de la sagesse chez le pédagogue.

h. Ce sont les enseignants des collèges qui sont visés.

i. C'est-à-dire le travail, la tâche des élèves.

j. Le précepteur, qui doit d'emblée faire parler son élève et exercer son jugement.

k. La capacité de l'âme de son élève.

l. Expression qui désigne le lieu où les maquignons font voir les bêtes qu'ils cherchent à vendre, et font trotter les chevaux en particulier.

m. Montaigne poursuit sa métaphore chevaline.

n. Ce qui en langage actuel pourrait se dire : jusqu'où le professeur doit baisser le niveau de ce qu'il enseigne pour être bien compris de son élève.

o. Proportion signifie adaptation.

p. Savoir se mettre au niveau des comportements enfantins de l'élève (sans aucune nuance péjorative).

q. Seuls deux ou trois enfants tirent un juste profit de l'enseignement de ces pédagogues collectifs.

r. Notre âme ne s'ébranle que par confiance pour autrui.

s. Autrement dit : esclave de l'emprise exercée par le maître.

t. Il semble que Montaigne poursuive sa métaphore cavalière, et que l'élève soit comme un cheval bridé.

u. En grand embarras.

v. La recette est littéralement ce qu'on a reçu ; l'acquet est ce qu'on a acquis.

w. Autrement dit : parce que nous le laissons pas à l'élève la liberté de faire quoi que ce soit par lui-même.

x. C'est-à-dire qu'on nous force à apprendre les maximes tout emplumées, autrement dit avec une forme toute faite ; Montaigne souhaiterait qu'on distinguât plus nettement ce qui relève des

« plumes», c'est-à-dire de la surface, et ce qui tient au fond du problème, l'essentiel.

y. C'est-à-dire, sans copier le modèle, sans répéter ni reproduire.

z. Compétence.

Texte 2

*Fichte : Conférences sur la destination du
savant (1794)* [25]

Le but de toutes ces connaissances[26] est [...]
que par leur moyen on ait soin que toutes les
dispositions de l'humanité se développent avec
uniformité[27] et dans un continuel progrès[28] : de là
découle la véritable destination de la position
sociale de savant : c'est *de surveiller d'en haut le
progrès effectif de l'humanité en général, et de
favoriser sans relâche ce progrès.*

Le savant est tout particulièrement déterminé
pour la société[29] : en tant que savant, et plus que
n'importe qui d'une autre position sociale[30], il
n'est là que grâce à la société et pour la société ; il
a donc en particulier le devoir de cultiver en lui
éminemment et au plus haut point possible les
talents de la sociabilité, l'art de recevoir et de
communiquer[31].

La connaissance qu'il a acquise pour la société, il doit maintenant l'appliquer effectivement

au profit de la société ; il doit faire venir les hommes à la conscience de leurs vrais besoins, et leur faire connaître les moyens de les satisfaire[32]. Or ceci ne veut pas dire qu'il doit s'engager avec eux dans les profondes recherches qu'il a dû entreprendre seul[33] pour trouver quelque chose de certain et de sûr[34]. Il ne viserait ensuite qu'à faire de tous les hommes d'aussi grands savants qu'il peut l'être lui-même ; et c'est impossible et inopportun. Les autres tâches doivent aussi être remplies ; et c'est pour elles qu'il y a d'autres positions sociales ; et si celles-ci devaient consacrer leur temps aux recherches savantes, il faudrait aussi que les savants cessent bientôt d'être savants[35]. Comment doit-il et peut-il cependant propager ses connaissances ? La société ne pourrait pas exister sans confiance dans l'honnêteté et l'habileté des autres, et cette confiance est donc profondément empreinte dans notre cœur ; et grâce à un bienfait particulier de la nature nous n'éprouvons jamais cette confiance à un plus haut degré que là où nous avons le plus pressant besoin de l'honnêteté et de l'habileté d'autrui[36]. – Il y a en outre chez tous les hommes un sentiment du vrai[37] qui ne suffit assurément pas à lui tout seul, mais

qui doit être analysé, mis à l'épreuve et épuré ; et
c'est précisément là la tâche du savant. Ce
sentiment ne suffirait pas à celui qui n'est pas
savant pour le guider vers toutes les vérités dont il
pourrait avoir besoin ; mais à la seule condition
qu'il n'ait pas été par ailleurs falsifié assez artifi-
ciellement, – et c'est ce qui se passe souvent grâce
à des gens qui se comptent pour des savants – ce
sentiment suffira toujours à l'homme pour reconnaître la vérité pour la vérité, même sans profonds
fondements, si un autre le guide vers elle. – Le
savant peut de même compter sur ce sentiment de
la vérité. – Ainsi le savant, pour autant que nous
avons analysé son concept jusqu'ici, a pour destination d'être le *pédagogue* de l'humanité[38].

Mais ce n'est pas seulement en général qu'il
doit faire connaître aux hommes leurs besoins et
les moyens de les satisfaire : il doit les guider en
particulier à chaque époque et en chaque endroit
au sujet des besoins qui se font jour précisément
maintenant à l'intérieur de ces sphères détermi-
nées, et sur les moyens déterminés d'atteindre les
buts qu'ils se proposent maintenant. Il ne voit pas
seulement le présent, il voit aussi l'avenir ; il ne
voit pas seulement le point de vue actuel, il voit

aussi dans quelle direction il faut que l'humanité marche désormais, si elle doit rester sur le chemin qui la mène à son but ultime, et ne pas se détourner de lui, ou bien s'éloigner de lui[39]. Il ne peut pas exiger d'entraîner celle-ci d'un seul coup jusqu'au point qui éblouit peut-être ses yeux[40] ; elle ne peut pas faire son chemin d'un saut ; le savant doit avoir pour seul souci qu'elle ne reste pas sur place ni ne recule. De ce point de vue, le savant est l'*éducateur* du genre humain[41]. – Je remarque expressément à ce propos que le savant en cette affaire comme en toutes ses affaires, est soumis à l'empire de la loi morale et de l'accord avec soi-même qu'elle prescrit. Il influence la société* ; celle-ci se fonde sur le concept de liberté ; elle est libre, chacun de ses membres l'est ; et le savant ne peut pas la traiter autrement que par des moyens conformes à la morale[42].

Texte 3

Lavelle : Le génie propre [43]

Tous les hommes ont du génie[44] s'ils sont capables de découvrir leur génie propre. Mais là est le difficile : car nous ne faisons guère que jalouser autrui, l'imiter et chercher à le dépasser, au lieu d'exploiter notre propre fonds[45]. Et l'on ne peut point méconnaître que, chaque fois que nous sommes fidèle à nous-même, nous éprouvons une ardeur lucide qui passe tous les autres plaisirs, leur ôte toute leur saveur et les rend désormais inutiles[46].

Mais comment découvrir ce génie personnel qui nous fuit quand nous le cherchons, dont ne peuvent que douter la plupart des êtres quand ils voient leur vie s'écouler dans la misère, l'ennui ou les divertissements[47], qui traverse parfois d'un éclair d'espérance la conscience la plus médiocre, mais s'évanouit dès qu'elle cherche à s'en emparer, que nos occupations les plus constantes contredisent et refoulent[48] et qui n'est jamais ni

une idée que l'on puisse définir, ni un élan intérieur que l'on puisse conduire ?

La seule pensée de notre génie propre ébranle
toujours notre amour-propre ; elle lui donne une
sorte d'anxiété et déjà la satisfaction la plus forte
et la plus subtile. Mais pourtant, notre génie est à
l'opposé de notre amour-propre, qui est une pré-
occupation de nous-même, qui met l'opinion au-
dessus de la réalité, qui, au lieu de seconder notre
génie, lui fait obstacle et l'empêche de s'exercer.
Or le génie se montre au moment où, renonçant
tout à coup à tous les mouvements de l'amour-
propre qui ne cessent de nous troubler et de nous
divertir, nous avons accès dans un monde spirituel
dont la découverte est l'effet du désintéressement
pur[49], qui nous donne ce que nous ne saurions pas
nous donner à nous-même, et dont nous devenons
le témoin et l'interprète, loin de le faire servir à
nos propres fins.

C'est donc l'abandon de tout amour-propre
qui nous révèle notre véritable génie[50]. Mais dès
qu'il se relâche, l'amour-propre se redresse et
s'attribue comme autant de victoires les défaites
même que le génie lui a fait subir.

Il semble que la conscience nous a été donnée moins encore pour choisir ce que nous voulons être que pour découvrir ce que nous sommes. Nous ne sommes véritablement libre que quand la révélation nous a été donnée de notre propre nécessité. Jusque-là, nous nous croyons libre : mais nous sommes le jouet de nos caprices ; nous ne faisons qu'errer à l'aventure d'essai en essai, d'échec en échec, toujours insatisfait et extérieur à nous-même.

Dira-t-on qu'il n'y a pas de pire esclavage que d'être ainsi enfermé dans sa propre essence ? Mais le moi qui s'en plaint prouve assez qu'il ne l'a point trouvée[51]. Cependant l'admirable, c'est qu'il dépend de nous de la trouver, de l'approfondir et de lui être fidèle ; faute de quoi elle n'est rien, comme une puissance qui resterait sans emploi. En un sens, on peut dire que le propre de la folie, c'est de vouloir échapper à sa propre loi, c'est de ne point projeter assez de lumière, ni assez d'amour, sur cet être que nous portons en nous et qu'il dépend de nous non pas de connaître, mais d'accomplir[52]. (p.123-125)

Élection de chaque être

Il faut que chaque être agisse dans le monde comme s'il avait conscience d'avoir été choisi pour une tâche qu'il est seul à pouvoir remplir[53]. Dès qu'il l'a découverte et qu'il commence à s'y consacrer, il lui semble que Dieu est avec lui et veille sur lui. Il est plein de confiance et de joie[54]. Il perd le sentiment d'être abandonné. Il est délivré du doute et de l'angoisse. Le voilà associé à l'œuvre créatrice[55]. Il est lavé de ses souillures. Il n'a plus de passé. Il renaît chaque matin[56]. Il vit dans l'émerveillement, faible et pécheur comme il est, d'avoir été appelé à une action qui le surpasse et pour laquelle il reçoit toujours de nouvelles forces et éprouve toujours un nouveau zèle. Tel est le mystère de la vocation[57] qui produit dans l'individu, dès qu'il l'aperçoit, une émotion incomparable[58] : celle de n'être plus perdu dans l'univers, mais d'occuper en lui une place d'élection, d'être soutenu par lui et de le soutenir, et de découvrir toujours un accord entre ses propres besoins et les secours qu'il ne cesse de recevoir, entre ce qu'il désire ou ce qu'il espère et la révélation qui lui est apportée[59].

On réduit presque toujours la vocation à une sorte de convenance entre notre nature et notre métier. Mais elle vient de plus loin que de la nature et s'étend au delà du métier. Elle est la grâce qui les traverse, qui les unit et qui les surpasse.

La vocation apparaît au moment où l'individu reconnaît qu'il ne peut pas être à lui-même sa propre fin[60], qu'il ne peut être que le messager, l'instrument et l'agent d'une œuvre à laquelle il coopère et dans laquelle la destinée de l'univers entier se trouve intéressée[61].

La vocation est proprement ce qu'il y a d'irrésistible dans l'exercice de notre liberté[62]. Mais elle crée en même temps ce rapport personnel et nominatif de Dieu avec chaque individu[63], qui est l'objet propre de la foi, et sans lequel la vie est dépourvue de sens et privée de tout lien avec l'absolu. C'est la goutte de sang que le cœur déchiré de Pascal exigeait que le Christ eût versé pour lui sur la croix[64].

Notes et remarques

A) Sur le texte de Montaigne.

1. Dans l'édition Villey-Saulnier, p.150-152. L'orthographe a été modernisée par nos soins, alors que Villey gardait l'orthographe des typographes du temps. Le texte du livre I des *Essais* se présente en trois couches principales : [A] désigne le texte de la première édition, de 1580, et les rares révisions de 1582 ; [B] désigne le texte de l'édition de 1588 (première édition des trois livres complets) ; [C] désigne le texte de l'exemplaire de Bordeaux, texte posthume, qui tient compte des très nombreux ajouts manuscrits que Montaigne avait laissés à sa mort, et qui ont été publiés pour la première fois par sa « fille d'alliance », Marie de Gournay. Les lettres A, B et C figurent entre crochets droits avant les lignes qu'elles concernent. Une édition critique de l'essai I, 26, a été donnée par Gustave Michaut à Paris, chez E. de Boccard, en 1924. Les notes philologiques, indispensables, sont appelées par une lettre minuscule et situées juste à la fin du texte ; les remarques philosophiques sont, elles, appelées par un chiffre.

2. L'idée d'un effort neuf de la part du pédagogue est centrale pour Montaigne, qui critique
l'aspect répétitif de l'enseignement scolastique.

3. (312-241 av. J.-C.) Successeur de Platon à la
tête de la « seconde académie ».

4. « L'autorité de ceux qui enseignent nuit
souvent à ceux qui veulent apprendre. » Cicéron,
De natura deorum, I, V.

5. Montaigne veut dire qu'il a plus de facilité à
traiter des problèmes à un niveau élevé, qu'à s'adapter à des interlocuteurs inférieurs à lui. C'est là une
expérience pédagogique assez courante.

6. Comme le comportent nos coutumes. Montaigne critique l'usage d'un même enseignement
pour beaucoup d'élèves à l'esprit très différent ;
c'est pourquoi on a pu lui reprocher une conception
aristocratique de l'éducation.

7. Montaigne avait primitivement écrit : « d e
son jugement ». On voit qu'il a voulu souligner
davantage la signification morale et existentielle de
l'éducation.

8. C'est une allusion transparente à la maïeu-
tique, ou art d'accoucher, que Platon attribue à
Socrate, et qui justifie l'usage du dialogue ; en
particulier, dans le *Ménon*, Socrate interroge un
jeune esclave sur le problème géométrique du
doublement de la surface d'un carré, et il obtient des
réponses correctes grâce à cet art de questionner.

9. La métaphore de la digestion est constante pour l'éducation chez Montaigne ; il s'agit de nourrir l'âme et de lui faire ingérer des substances qu'elle fasse entièrement siennes. Cf. Antoine COMPAGNON, *La seconde main*, Paris, Le Seuil, 1979, p.279-313.

10. C'est là encore une expérience pédagogique courante que les élèves n'éveillent leur esprit que grâce à la confiance qu'ils ont dans leur professeur. Montaigne souhaite que l'éducation s'oppose à cette confiance aveugle, en favorisant le jugement personnel. Descartes fera, de la même façon, la critique des préjugés d'enfance, ceux qui nous ont été inculqués avant l'éveil de l'esprit critique.

11. « Ils sont toujours en tutelle. » Sénèque, *Lettres à Lucilius*, XXXIII.

12. Il s'agit de Girolamo Borro, d'Arezzo, professeur de philosophie à l'université La Sapienza de Rome, dont Montaigne parle dans son *Journal de voyage* ; il fut contraint d'abandonner sa chaire.

13. C'est-à-dire filtrer par un tissu fin ; Montaigne veut dire que l'exercice du jugement personnel est un filtre sévère, et que c'est le but de l'éducation.

14. De cette formule de souhait, Pascal se souviendra dans ses *Pensées* ; plusieurs commencent ainsi : « Qu'ils apprennent au moins... ». Floyd GRAY a commenté ces optatifs dans son livre, *La*

balance de Montaigne, exagium/essai, Paris, Nizet, 1982, p.113.

15. La formule montanienne du doute est explicite : mieux vaut s'abstenir que de trancher à la légère ; la certitude et la résolution définitives sont folie. Ce « scepticisme » n'est en fait rien d'autre que le christianisme de saint Paul et saint Augustin pour qui la sagesse du monde est folie.

16. « Car non moins que savoir, douter m'est agréable. » (Dante, *La divine comédie, L'enfer*, XI, 93. Citation ajoutée en 1582, selon Villey et Saulnier. Montaigne s'approprie ici une citation en la tirant de son contexte, dans lequel Dante expose quel plaisir il y a à voir fondre ses doutes sous la lumière de Dieu, à tel point que douter devient même un plaisir.

17. Traduction de Sénèque (*Lettres à Lucilius*, XXXIII) : « *Quid aliud sequitur, nihil sequitur, nihil invenit, imo nec quærit.* »

18. « Nous ne vivons pas sous un roi ; que chacun dispose de lui-même. » Sénèque, *ibidem*.

19. Une telle confiance dans l'universalité de la raison s'oppose à toute interprétation sceptique de Montaigne.

20. L'image des abeilles est traditionnelle, présente chez Cicéron, Sénèque et Plutarque, et reprise par de nombreux contemporains de Montaigne, et surtout Juste Lipse (*Politiques*, I, 1, note 1), dont il s'inspire fréquemment.

21. Les magistrats des parlements (Montaigne a été dans ce cas au parlement de Bordeaux) recevaient des « épices », à savoir des dons ; c'était une coutume ancestrale, d'autant plus efficace qu'elle était discrète. Ces pratiques permettaient aux parlementaires un statut social élevé ; la « noblesse de robe » ne cessera d'accroître son importance sociale jusqu'à la Révolution française.

22. Épicharme de Mégare (540-450 av. J.-C.), poète et philosophe dont parle Plutarque dans *Quels animaux sont les plus advisez* (traduction Amyot des *Œuvres morales et mêlées*) : « Il n'a pas anciennement été mal dit, l'entendement voit, l'entendement oit, tout le reste est sourd et aveugle. »

23. Ici encore, Montaigne s'inspire de la lettre XXXIII de Sénèque : «*Aliud est meminisse, aliud scire : meminisse est rem commissam memoriæ custodire.*»

24. Montaigne ne lisait pas le grec ; il cite ici la *Lettre X* (à Aristodore) lue dans la traduction latine de Marsile Ficin : «*Nam firmitatem, fidem, sinceritatem, veram esse philosophiam existimo. Alias vero et ad alia declinantes scientias et facultates siquis ornamenta dixerit, recte, ut arbitror, appellabit.* » L'hostilité de Montaigne à tout maquillage de la vérité se lit parfaitement dans la traduction d'*ornamenta* par fard.

B) Sur le texte de Fichte.

25. Traduction française, introduction historique et commentaire par J.-L. Vieillard-Baron, Paris, Vrin, 1980. Gesamtausgabe der Bayerischen Akademie der Wissenschaften, I, 3, p. 54-56.

26. Il s'agit des connaissances philosophiques (concernant l'essence des choses, en particulier de l'homme), des connaissances philosophico-historiques (concernant les moyens nécessaires à la satisfaction des besoins de l'homme), et des connaissances simplement historiques (pour indiquer le degré exact de culture où se trouve l'humanité).

27. Il y a en effet un danger à ne développer que telle ou telle tendance de la société ; c'est que l'équilibre entre les hommes vient de ce que chacun ne développe qu'une de ses tendances, mais que tous ensemble, les hommes développent toutes les tendances humaines, dans une harmonie qui est un postulat implicite de Fichte.

28. L'idée fichtéenne du progrès repose sur l'effort et la lutte contre les puissances d'obscurité ; il est très proche ici de Condorcet, dont il ne pouvait connaître l'*Esquisse d'un tableau historique des progrès de l'esprit humain*, ouvrage publié à titre posthume en 1795.

29. Fichte détermine la société comme « l'action réciproque d'après des concepts. »

30. Par ces deux mots nous traduisons *Stand*, qui désignait, dans l'Ancien Régime, les ordres ou les états de la société ; Fichte transforme le sens du terme, en en faisant l'objet d'un choix individuel ; on ne peut plus traduire alors par ordre, puisqu'on appartient à un ordre par naissance et non par choix. D'où l'expression de « position sociale ».

31. Cette conception sociale de la réflexion philosophique est relativement rare ; on voit souvent le philosophe retranché dans les murailles de la réflexion profonde. Pour Fichte, la philosophie est par essence communication entre une culture reçue et une culture donnée à autrui ; elle est éducation en soi.

32. Telle est la vocation pédagogique du philosophe ; une philosophie est nécessairement une doctrine à faire partager aux hommes ; son enjeu est trop grave pour qu'elle puisse être une simple analyse désintéressée.

33. La solitude est indispensable à celui qui veut aller jusqu'aux principes, comme le prisonnier qui sort seul de la caverne. C'est même la solitude de l'exercice de la raison philosophique qui donne sa valeur à la communication qui en résulte : les hommes écoutent celui qui a été plus loin qu'eux dans la recherche du vrai.

34. Le point ultime de certitude absolue est ce qu'avait visé Descartes avec le *Cogito, sum* ; de

cette similitude est née en Allemagne une tradition d'interprétation fichtéenne de Descartes.

35. On voit ici l'opposition, pleinement justifiée, à l'idée de l'homme total que Marx soutiendra ; la « révolution culturelle » chinoise, en mettant les professeurs d'université aux champs, représente bien cette situation où les savants cessent d'être savants. La confusion des essences est incontestablement une régression historique impressionnante : aucun progrès de la culture n'est plus possible.

36. La légitimité de la confiance en autrui se fonde à la fois sur une exigence du cœur humain – qui a besoin d'elle comme le corps a besoin de l'oxygène – et sur le fait que l'humanité progresse, en général.

37. Avec cette dimension sensible du vrai, cette sorte d'instinct humain de la vérité, Fichte se distingue nettement de Kant ; il se rapproche de Pascal, et de cette « idée de la vérité, invincible à tout le pyrrhonisme. » qui fait une pensée sur *Instinct, raison.*

38. Pédagogue renvoie à l'activité spécifique de l'enseignement.

39. Cette fonction prophétique de la philosophie n'a rien d'irrationnel ; voir l'avenir de l'humanité est le propre de toute philosophie de l'histoire. Il s'agit de comprendre le concept de l'homme, en tant que concept idéal, et de mesurer la

distance qui nous sépare de lui. Or, pour Fichte, l'humanité est encore dans l'enfance.

40. Cet éblouissement est une résonance platonicienne de plus dans le texte fichtéen ; il évoque l'éblouissement du prisonnier au sortir de la caverne : l'idée ne peut être regardée en face, et l'idée suprême, le Bien, restera toujours éblouissante pour l'homme. Le début du livre VII de la *République* est dans la mémoire de tous. Fichte transpose l'image de la lumière trop vive à l'humanité idéale, unie par l'harmonie totale entre les esprits.

41. L'éducation apparaît ici comme l'habileté qui consiste à adapter la vérité à ce que les individus sont capables d'en recevoir.

42. Aucune pédagogie philosophique ne peut reposer sur la contrainte ; il n'y a d'influence de la raison et de la philosophie que si l'humanité y consent. La société étant l'action réciproque des libertés, la morale sociale règle le progrès des lumières.

C) Sur le texte de Lavelle

43. *L'erreur de Narcisse*, Paris, Grasset, 1939 (p.138-139).

44. Le génie ne désigne pas ici le don de nature qui échoit au créateur artistique, don que Kant a

analysé dans la *Critique de la faculté de juger* (§ 46-50) ; il s'agit des dispositions naturelles ; Lavelle insiste sur le fait que chacun est un élément de la conscience universelle, et qu'il a une vocation propre (*De l'âme humaine*, Paris, Aubier, 1951, p.457-461)

45. La jalousie est l'expression de l'amour-propre qui est l'inverse du génie. Elle fait entrer l'homme dans le domaine de l'illusion sur soi et sur autrui : «C'est que les hommes n'éprouvent pas de jalousie à l'égard d'un être réel, mais seulement à l'égard de l'idée qu'il incarne et qui les humilie. » (*La conscience de soi*, ch. IV, § 8; nouvelle édition, Paris, Christian de Bartillat, 1993, p.85) La jalousie est si répandue et si fantasmatique que nous jalousons même les morts quand leur valeur semble faire ombrage à la nôtre.

46. L'importance de la fidélité à soi-même est un thème fichtéen repris par Lavelle, jusqu'en ses extrêmes conséquences morales : «Tout le secret de la puissance et de la joie est de se découvrir et d'être fidèle à soi dans les plus petites choses comme dans les plus grandes. Jusque dans la sainteté, il s'agit de se réaliser. » (*La conscience de soi*, ch.IV, § 10, p.90)

47. Les thèmes pascaliens abondent sous la plume de Lavelle dans ses réflexions sur la destinée personnelle. On peut dire que *L'erreur de Narcisse* est l'aboutissement de la tradition augustinienne de l'opposition entre un bon amour de soi (en tant que

créateur, et un mauvais amour-propre, amour qui recourbe la créature sur elle-même et l'enferme dans son égoïsme.

48. On se souvient ici de Bergson qui, dans l'*Essai sur les données immédiates de la conscience*, montrait comment nos occupations courantes mécanisent notre moi en le faisant rentrer dans l'automatisme des habitudes, qui est l'inverse de la vraie liberté.

49. L'éloge du désintéressement vient de ce qu'il nous fait connaître la véritable impartialité : « Il y a une indifférence qui est sainte : c'est celle qui consiste à ne point faire de préférence entre les êtres qui sont sur notre chemin, à leur donner à tous notre présence tout entière... » (*L'erreur de Narcisse*, p. 111) ; et *La conscience de soi* précise : « Cette impassibilité de la conscience, c'est la présence en moi du regard par lequel Dieu contemple toutes choses » (ch.I, § 7, p.15)

50. L'amour-propre est si présent en l'homme que « Tout le malheur des hommes vient de ce qu'il n'y a rien de plus difficile pour chacun d'eux que de discerner son propre génie. » (*La conscience de soi*, ch. IV, § 10, p.89-90) Lavelle retrouve l'inspiration de Fénelon sur la divine simplicité comme forme de sainteté ; cf. Vladimir JANKÉLÉVITCH, *Traité des vertus*, Paris, Bordas, 1947, p.763-781.

51. Bien avant Sartre, Lavelle a soutenu que l'existence précède l'essence ; c'est prendre le mot

essence en un sens sinon nouveau, du moins particulier : celui du sens de la destinée individuelle de l'homme (éliminant dès lors la différence de l'essence et des accidents). L'homme est durant sa vie à la recherche de sa propre essence ; au contraire, « Le propre du saint, c'est d'avoir réalisé l'unité de lui-même. » (*Quatre saints*, nouvelle édition, Paris, Christian de Bartillat, 1993, p.26)

52. Cf. Jean NABERT, *Eléments pour une éthique* : « L'idée d'une conscience capable d'actions absolues est au terme de ce mouvement, et notre sentiment de la sublimité en est l'expression. » (Paris, P.U.F., 1943, p.227; nouvelle édition, Paris, Aubier, 1992)

53. « La liberté n'est que la pointe la plus fine de l'âme, mais qui peut toujours être émoussée. Cette liberté est engagée dans une situation où certaines possibilités semblent lui être proposées, qu'il s'agit pour elle de reconnaître et d'employer. L'unité de l'âme se meut entre cette liberté et cette situation : c'est seulement quand elle parvient à les accorder qu'elle découvre et réalise sa propre vocation individuelle... » (*De l'âme humaine*, p.452)

54. C'est le propre de l'amour que d'engendrer la joie de l'âme (*De l'acte*, 2ème édition, Paris, Aubier, 1992, p.449), et par conséquent, celui qui se sait aimé éprouve la joie.

55. C'est un thème fondamental de la philosophie de Lavelle. «C'est le désir qui nous appelle à nous créer nous-mêmes en collaborant à la création du monde.» (*Les puissances du moi*, Paris, Flammarion, 1948, p.57) Et il faut surtout lire les analyses de l'ouvrage essentiel, *De l'acte* (Paris, Aubier, p.198, *et passim*) «...l'originalité de chaque être consiste précisément dans la sphère circonscrite où s'exerce le pouvoir qu'il a d'être en effet cause de soi. Mais ce pouvoir est lui-même un pouvoir que nous avons reçu [...] Car en un sens tout est reçu, mais ce qui est reçu, c'est la liberté, c'est-à-dire la dignité d'être cause.»

56. La conscience de soi est l'acte de naissance incessante à une existence qui est mienne, à une vie que je ne puis recevoir que de moi-même. Le sentiment de la vocation est l'accomplissement de la découverte du moi comme secret intime et solitude, mais appelé à se réaliser dans le monde avec autrui.

57. La vocation est mystère, en ce qu'elle relève de la vie spirituelle, que la plupart des hommes négligent parce qu'ils préfèrent l'efficacité de la vie morale : «or la vie spirituelle met en jeu le secret de notre vocation intérieure et les rapports de notre âme avec Dieu, [...] Elle repousse l'idée d'une loi que nous trouverions soit dans notre propre conscience, soit dans l'expérience de tous, et à laquelle il faudrait s'assujettir : elle est spontanéité, invention, lumière et joie.» (*Les puissances du moi*, p. 228)

58. Cette émotion est à comparer avec celle qui provient de la découverte du moi, telle que Lavelle l'analyse dans un article repris dans *De l'intimité spirituelle* (Paris, Aubier, 1955, p.65-95)

59. L'accord entre ce que nous donnons et ce que nous recevons est un thème de Fichte, mais il le situe au niveau de la relation entre les hommes ; chez Lavelle, c'est l'accord entre le Créateur et l'homme « créé créateur ».

60. « Chaque conscience a besoin de toutes les autres pour la soutenir. » (*De l'acte*, p.185)

61. Cf. Jean NABERT, *Eléments pour une éthique*, p. 122 : « Ni l'amour, ni le courage, ni la sainteté, ne s'assurent de soi qu'en s'enveloppant dans des fins qui empruntent au monde toute leur substance. »

62. « ...l'acte est toujours indivisiblement en Dieu et en nous création de soi et sacrifice de soi. Et tel est sans doute le secret insondable de tout acte créateur [...] la liberté est toujours un acte créateur, de telle sorte qu'elle est dans l'homme au-dessus de sa nature. » (*De l'acte*, p.182-184)

63. Cf. *De l'âme humaine* (p.472) : « Avoir une âme, c'est avoir une liberté, c'est-à-dire le pouvoir de se donner à soi-même une âme. » Lavelle fait allusion au texte de l'Apocalypse de saint Jean (2, v.17) où Dieu dit qu'il remettra à chacun un caillou blanc sur lequel est écrit un nom nouveau que nul

ne connaît sauf celui qui le reçoit. Ce nom est la vocation personnelle qui lie chacun à Dieu.

64. Allusion à la pensée mystique que Pascal prête au Christ : « Je pensais à toi dans mon agonie, j'ai versé telles gouttes de sang pour toi. » n°1405, édition Francis KAPLAN, *Les Pensées de Pascal*, (Paris, Le Cerf, 1982) p.575 ; Brunschvicg, n°553. Notons que c'est un des rares textes christologiques de Lavelle.

Commentaires :

A) Sur le texte de Montaigne

La pensée de Montaigne sur l'éducation, exposée en ce chapitre, mais aussi au chapitre précédent *Du pédantisme* (I, 25), et en de multiples occasions, ne constitue pas à proprement parler une philosophie de l'éducation, encore moins une pédagogie pratique. Montaigne s'y adresse, comme toujours, autant à lui-même qu'à ses lecteurs. Si Montaigne énonce, sous une forme volontiers paradoxale, les principaux problèmes de fond de l'éducation : le rapport nature et culture, la liberté de l'élève, l'autorité du maître, l'essentiel de ce qu'il faut apprendre, par rapport auquel tout doit se subordonner, il ne propose pas vraiment de solution. Il ressort de ces textes une critique globale de l'éducation purement livresque et répétitive, telle que « nos pères » la concevaient, et un souci d'éduquer l'enfant à bien juger et à bien agir. On voit qu'il s'inscrit dans la lignée platonicienne ; car c'est Platon qui posait la question : « La vertu peut-elle s'enseigner ? », ques-

tion centrale du *Ménon* ; et c'est encore Platon qui
analysait les conditions d'une bonne éducation
dans une cité fondée sur la justice dans la *République* et dans les *Lois* [1]. C'est dans le sillage de
Platon que Montaigne en vient à faire, à plusieurs
reprises, l'éloge de Sparte ; il critique la violence
dans l'éducation, mais il admire la fermeté morale
et l'héroïsme de l'éducation lacédémonienne.

Paternité et éducation

L'éducation montanienne est dominée par le
problème crucial de la paternité. Elle se joue entre
l'éducation humaniste qu'il a reçue de son excel-
lent père, la déception qu'il a eue de n'avoir pas à
son tour un fils à éduquer, et la paternité qu'il
exerce à l'égard de son livre, comme d'un fils qui
serait entièrement sien selon l'esprit. Cette relation filiale s'étend à la relation de l'élève au précepteur ou instituteur ; elle est relation humaine

---

1. *Lois*, II, 652 B. Sur la question « Peut-on enseigner la vertu ? », voir *Les paradoxes de la connaissance,
essais sur le Ménon de Platon*, recueillis et présentés par
Monique CANTO-SPERBER, Paris, éditions Odile Jacob,
1991, p.143-225 ; cf aussi Jonathan BARNES, « Enseigner la vertu ? », et Jacques BRUNSCHWIG, « Pouvoir
enseigner la vertu ? » in *Revue Philosophique de la France
et de l'étranger*, oct.-déc. 1991, Numéro spécial Platon,
pp.571-602.

qui vise à la formation morale du jugement, et se vérifie dans l'action.

La première phrase de l'*Essai* I, 26, dont est extrait notre passage[1], affirme la revendication de la paternité comme la chose la plus constante : « [A] Je ne vis jamais père, pour teigneux ou bossu que fût son fils, qui laissât de l'avouer. » (I, 26, 145 A). On n'est pas sûr que Montaigne ait raison, sur le plan empirique ; il affirme là une universalité de la reconnaissance de paternité, que bien des procès démentent. Ce refus de la diversité humaine est tout à fait contraire à l'habitude et même à la doctrine de l'auteur des *Essais*. C'est qu'il a donc quelque raison plus profonde, voire inconsciente. Affirmer si hautement sa paternité est un symptôme. Reconnaître pour sien son enfant, quand cet enfant est teigneux ou bossu, c'est un acte de courage et de sincérité ; c'est une forme d'héroïsme, que Montaigne essaie de faire passer pour naturel.

La vérité est que cette paternité est ambiguë : elle est paternité biologique, mais aussi paternité

1. Les références sont faites à l'édition Villey-Saulnier en trois volumes, dans la collection Quadrige des P.U.F (1988). Le premier chiffre renvoie au livre des *Essais*, le second au chapitre, le troisième à la page de l'édition mentionnée.

affective, donc aussi paternité littéraire. Le livre est un fils pour celui qui l'écrit. L'éthique de Montaigne est une éthique d'écrivain ; l'exigence de l'honnêteté intellectuelle la plus scrupuleuse, y compris dans le fait d'avoir un ouvrage « teigneux ou bossu », et d'en reconnaître les défauts, est sa forme d'héroïsme intellectuel[1].

Il y a donc, dans l'esprit de Montaigne un parallèle entre éduquer son enfant et écrire son livre : c'est la paternité spirituelle. Ce sentiment de paternité est si fort qu'il a deux conséquences inattendues : d'abord, Montaigne envisage le livre comme s'il pouvait être conscient, pour écarter cette hypothèse : « Et tout ouvrier [aime] mieux son ouvrage qu'il n'en serait aimé, si l'ouvrage avoit du sentiment. » (II, 8, 386 C)[2]

---

1. Cf. ma conférence : « Héroïsme et sincérité dans la décision créatrice, ou comment Montaigne invente l'auteur moderne », in *Le lecteur, l'auteur et l'écrivain, Montaigne, 1492-1592-1992*, édité par Ilana ZINGUER, Paris, Champion, 1993, p.253-266.

2. Commenté par François RIGOLOT, *Les métamorphoses de Montaigne*, Paris, P.U.F., 1988, p.20-21.Ce n'est pas, tant s'en faut, le seul texte où Montaigne personnifie son livre ; il commence dès l'avertissement au lecteur de 1580, en prêtant à ce livre une vertu humaine, la « bonne foy ».

La seconde conséquence, aussi imprévue, est que c'est ce nœud psychologique complexe du problème de la paternité littéraire qui explique pourquoi le problème de la propriété littéraire inquiète beaucoup Montaigne dans la suite de l'essai : l'élève doit s'approprier librement les idées des auteurs qu'il lit, et ne plus avouer de quel père elles sont : «[A]... s'il embrasse les opinions de Xenophon et de Platon par son propre discours, ce ne seront plus les leurs, ce seront les siennes. » (I, 26, 151) Autrement dit, le père ou auteur d'un livre doit assumer sa paternité face à toutes critiques éventuelles ; mais si ce qu'il a dit est bon et partagé par ses lecteurs, il ne doit jamais crier au plagiat ; écrire étant «hypothéquer » son livre au lecteur, on ne doit rien en retrancher par après, mais on doit aussi admettre que le lecteur en fasse ce qu'il veut.

L'éducation comme droit d'appropriation

On a savamment, en particulier Hegel dans sa *Philosophie du droit*, distingué la possession de la propriété ; Montaigne ne s'intéresse pas à la propriété littéraire, mais fonde un droit d'appropriation du lecteur, qui, en s'appropriant ce qu'il lit, se constitue comme un vrai fils, tout imprégné des enseignements d'un bon père – tant il est vrai que le petit Montaigne a appris le latin par imprégnation, comme une vraie langue maternelle, grâce à l'humanisme fervent de son père qui avait interdit toute autre langue autour de son enfant.

Parlant des auteurs anciens lus par l'élève, Montaigne donne ce conseil impératif : « Il faut qu'il emboive [qu'il soit imprégné de] leurs humeurs, non qu'il apprenne leurs préceptes. Et qu'il oublie hardiment, s'il veut, d'où il les tient, mais qu'il se les sache approprier. La vérité et la raison sont communes à un chacun, et ne sont non plus à qui les a dites premièrement, qu'à qui les dit après. » (I, 26, 152 A) Descartes s'est souvenu, dans son *Discours de la méthode* de cette universalité de la raison, qui dépasse les personnes, et du « bon sens qui est la chose du monde la mieux partagée ». La méthode d'appropriation des textes s'oppose à la méthode scolastique d'allégation des autorités. Elle est parfaitement libre. C'est le même verbe imagé que Montaigne utilise pour désigner les deux usages inverses de la lecture : « pilloter » (amusant diminutif de piller). « [A] Nous ne travaillons qu'à remplir la mémoire, et laissons l'entendement [C] et la conscience [A] vide. Tout ainsi que les oiseaux vont quelquefois à la quête du grain, et le portent au bec sans le tâter, pour en faire becquée à leurs petits, ainsi nos pédantes vont pillotant la science dans les livres, et ne la logent qu'au bout de leurs lèvres, pour la dégorger seulement et mettre au vent. » (I, 25, 136)

Et Montaigne, relisant ces lignes après 1588, a un superbe mouvement de lucidité : « Est-ce pas faire de mesme, ce que je fay en la plupart de cette composition ? Je m'en vay, escorniflant par cy par là des livres les sentences qui me plaisent... » (I, 25, 136 C) La lecture selon Montaigne est donc placée sous le signe de l'emprunt assimilateur, qu'il utilise l'image de la digestion (« Que nous sert-il d'avoir la panse pleine de viande, si elle ne se digère ? » I, 25, 137 A), ou celle du mariage (« ...science, laquelle, pour bien faire, il ne faut pas seulement loger chez soi, il la faut épouser. » I, 26, 177 A).

La formation du jugement

Faire sienne la pensée juste, voilà une bonne institution[1]. Le but de l'éducation est en effet de

---

1. Floyd GRAY (*La balance de Montaigne, Exagium/ essai,* Paris, Nizet, 1982 p.114-115) fait la juste remarque suivante : « Le choix du mot « institution » au lieu d'« éducation » pour le titre du chapitre est significatif, car *instituere* implique un mouvement sur place, tournant sur lui-même, tandis qu'*educere* suggère un mouvement au-delà, en dehors. »

former le jugement, non d'accumuler des savoirs mal digérés. Montaigne raisonne ici en platonicien ; c'est Platon qui faisait la critique du sophiste omniscient, Hippias, incapable de réflexion personnelle ; c'est Platon que Montaigne évoque, dans la célèbre exclamation : «Fâcheuse suffisance, qu'une suffisance purement livresque! » ; en fait, la référence à Platon est plus le signe d'une orientation générale de la pensée[1], continuellement réaffirmée, et soulignée dans la dernière version des *Essais*[2], que d'une lecture directe. On en vient donc à se demander si Platon n'est pas bien souvent l'objet d'un usage emblématique dans les *Essais*. Mais ce qui est profondément platonicien dans la conception montanienne de l'édu-

1. Cf, au sujet des lieux communs platoniciens du XVIème siècle, Jean CÉARD, « Le modèle de la République de Platon et la pensée politique au XVIème siècle », in *Platon et Aristote à La Renaissance*, XVIème colloque international de Tours, Paris, Vrin, 1976, p.175-190.

2. La *Concordance des Essais de Montaigne* (préparée par ROY E. LEAKE, Genève, Droz, 2 volumes, 1981), donne 197 renvois au nom de Platon, la plupart dans la dernière couche du texte, la couche C, alors que Plutarque n'est nommé que 89 fois. Jean Céard, se fondant sur les comptages de Villey, parle de 205 fois pour Platon (in *Montaigne et la Grèce*, Actes du colloque de Calamata et Messène, Paris, aux Amateurs de livres, 1990, « Montaigne et Platon », p.45-55).

cation, c'est le rôle de la cité dans la tâche pédagogique[1] : une bonne éducation suppose une société juste ; la réforme de la société et celle de l'enseignement vont de pair. De là l'idée de Montaigne que, pour éduquer l'enfant à la vertu, rien ne sert de l'endoctriner ; il faut lui présenter des événements historiques et le faire réfléchir, par le moyen des Histoires Raidir l'âme et raidir les muscles sont également nécessaires ; mais quand on a appris la force d'âme et la résistance physique, quand on a appris à écouter, à parler avec franchise et pertinence, il faut encore apprendre la curiosité des gens et des mœurs différents de nous : «Il pratiquera, par le moyen des histoires, ces grandes âmes des meilleurs siècles. C'est une vaine étude, qui veut ; mais qui veut aussi, c'est une étude de fruit inestimable : [C] et la seule étude, comme dit Platon, que les Lacédémoniens eussent réservée à leur part. [A] Quel profit ne fera-t-il en cette part-là, à la lecture des vies de notre Plutarque ?» (I, 26, 156)

L'association de Platon et de Plutarque (dont l'éloge est constant dans les *Essais*) me semble la

1. Voir à ce sujet Janine CHANTEUR, *Platon, le désir et la cité*, Paris, Sirey, 1980 ; en particulier, la deuxième partie « L'éducation du désir et le gouvernement de la cité ».

clef de la valorisation, inattendue chez un défenseur de la liberté d'esprit, de l'éducation spartiate chez Montaigne. La lecture de Plutarque est fortement attestée chez lui, tant pour les *Vies parallèles*, que pour les *Œuvres morales et mêlées* [1]. On peut prendre un cas particulier, celui de Lycurgue, grand et légendaire législateur spartiate. En effet, quand il parle des Lacédémoniens, Montaigne évoque le plus souvent leurs

1. Si l'on suit la chronologie sommaire des lectures de Montaigne donnée par Villey dans l'introduction de son édition des *Essais*, il en résulte 5 périodes de lecture de Plutarque :

1/ Avant 1564, il a lu les *Vies* de Plutarque traduites par Amyot ; j'ajouterai que Reinhold DEZEIMERIS a publié les *Remarques et corrections d'Estienne de La Boëtie sur le traité de Plutarque intitulé Érotikos* (Bordeaux, 1847), d'où il ressort que La Boëtie avait une bonne connaissance du texte grec, et qu'il a pu communiquer à Montaigne les analyses platonisantes de Plutarque sur les deux sortes d'Aphrodite, et leur rapport à Arès. Plutarque donne un Platon vulgarisé et un peu banalisé.

2/ 1572-1573 : lecture des *Vies* et un peu plus tard des *Œuvres morales*.

3/ 1572-1588 : Sénèque perd du terrain devant Plutarque dont les *Vies* fournissent 90 emprunts avant 1580 et les *Œuvres morales* environ 125.

4/ 1582-1588 : Plutarque reste l'auteur favori (50 emprunts aux *Vies* et 125 aux *Œuvres morales*).

5/ 1588-1592 : Plutarque ne fournit plus qu'une quinzaine de références.

rois, et en priorité Agis et Cléomenes, en tant qu'ils essayèrent de restaurer la pureté des mœurs lacédémoniennes du temps de Lycurgue. Ce dernier ne fut pas roi de Sparte, et l'on ne sait pratiquement rien de lui ; mais il est l'objet d'une vie de Plutarque fort détaillée et instructive sur le lien entre le législateur et l'éducateur. Montaigne fait un mérite particulier à Sparte d'avoir confié à la Cité le soin de l'éducation ; il pense en effet que les parents sont trop tendres à l'égard de leurs enfants : «[C] les seules (constitutions politiques) Lacédémonienne et Crétoise ont commis aux lois la discipline de l'enfance. [A] Qui ne voit qu'en un État tout dépend de son éducation et nourriture ? » (II, 31, 714)

De fait Plutarque estime que Lycurgue a été supérieur à Numa Pompilius pour s'être intéressé à ce que l'éducation des enfants ne soit pas laissée à la discrétion des pères de famille. Le législateur s'employa « à faire bien nourrir les enfants et à faire exercer les jeunes gens, à fin qu'ils ne fussent différents de mœurs [...] Cela outre les autres utilités, servit encore à maintenir les lois de Lycurgus, car la crainte du serment qu'ils avaient juré eût eu bien peu d'efficace, si par l'institution et la nourriture il n'eût (par manière de dire) teint en laine les mœurs des enfants, et ne leur eût avec

le lait de leurs nourrices presque fait sucer
l'amour de ses lois et de sa police. »[1] La valeur de
l'éducation spartiate est dans son efficacité, et dans
son lien avec l'action. Ce n'est donc pas une
édifiante éducation à la vertu (courage, sincérité,
loyauté en particulier) que préconise Montaigne ;
l'aspect pragmatique de toute éducation lui paraît
essentiel.

Les limites de l'éducation

On ne doit pas penser pour autant, et dans ce
même esprit pragmatique, que l'éducation peut
tout ; si important que soit le rôle de l'éducation
dans la cité, il trouve sa limite dans les dispositions
individuelles. Si l'élève est décidément incapable
d'apprécier la qualité en toutes choses, un ajout
d'après 1588 nous dit : « …je n'y trouve autre
remède, sinon que de bonne heure son gouverneur
l'étrangle, s'il est sans témoins, ou qu'on / le mette
patissier dans quelque bonne ville, fût-il fils d'un
duc, suivant le précepte de Platon qu'il faut
colloquer les enfants non selon les facultés de leur

1. Je cite l'édition de 1606, à Paris, chez Toussaincts
du Bray, en deux tomes ; t.I, p.102 b (a désigne la
première colonne, b la seconde). La traduction Amyot des
Vies parallèles a été rééditée en deux volumes de la
bibliothèque de la Pléiade.

père, mais selon les facultés de leur âme. » (I, 26, 162-163 C)

L'esprit paradoxal de Montaigne lui fait donc affirmer à la fois que, dans un État, « tout » dépend de l'éducation (II, 31, 714 A), et que cependant, l'éducation dépend « du vase qui l'estuye » : « C'est une bonne drogue, que la science ; mais nulle drogue n'est assez forte pour se préserver sans altération et corruption, selon le vice du vase qui l'estuye [qui lui sert d'étui…] La principale ordonnance de Platon en sa République, c'est donner à ses citoyens, selon leur nature, leur charge. Nature peut tout et fait tout. » (I, 25 141 C) Mais l'efficacité de l'éducation spartiate ne va pas jusqu'à rendre habile aux exercices du corps les boiteux et les mal formés. De même la philosophie ne saurait convenir aux âmes viles et basses par nature[1], qui n'étudient que pour gagner de quoi vivre.

Simplicité et courage

Le raisonnement de Montaigne en ce passage est de montrer que la simplicité (dont saint Paul a

---

1. Descartes conserve cette distinction entre les grandes âmes (comme celle de la princesse Elisabeth), et les âmes basses, incapables de grandes passions, et encore plus de maîtriser ces passions.

fait l'éloge) rend la vie « plus innocente et meilleure ». Le gouvernement spartiate, réputé pour sa simplicité et son austérité, a apporté la vertu au peuple, sans institution, c'est-à-dire non pas sans éducation, mais sans enseignement des sciences et des lettres. Sparte, en effet, avait « au lieu de nos maîtres de science, seulement des maîtres de vaillance, prudence et justice. » (I, 25, 142 A) Par sa divine police, c'est-à-dire sa magnifique organisation politique, Lycurgue est le modèle des éducateurs. Montaigne souligne, dans l'essai *Du pédantisme* que « cette excellente police de Lycurgus, et à la vérité monstrueuse par sa perfection » est « si soigneuse pourtant de la nourriture des enfants comme de sa principale charge » (I, 25, 142 A) .Et de fait l'importance extrême que ce grand législateur accordait à l'éducation se voit dans le fait qu'il n'a jamais voulu qu'on écrivît les lois qu'il avait instituées. L'interdiction d'écrire les lois vient du désir qu'elles soient apprises, et comme intériorisées, dans l'éducation.

Il est significatif qu'on ne trouve chez Montaigne aucune critique du caractère collectif de l'éducation lacédémonienne, qui ne semble pas avoir attiré son attention ; il ne retient rien des critiques traditionnelles de la *République* de

Platon instaurées par Aristote (critique de la communauté des biens, de la communauté des femmes, et de la dissolution de la famille) ; Montaigne ne critique pas non plus la fermeture de la cité sur elle-même, et son maintien par Lycurgue en état défensif permanent.

Rigidité ou liberté

Alfred Glauser a fait remarquer que, dans les ajouts postérieurs à 1588, Montaigne, qui s'opposait pourtant à la discipline trop rigide des écoles, « entraîné par son thème de la vertu, en arrive à un thème guerrier ; il propose à son élève la force musculaire, l'exercice de la guerre, le choix de Bradamante, ce qui est contraire à sa nature. »[1] Il y a bien une nostalgie montanienne de la bravoure chevaleresque (qu'il n'a pas eue lui-même). Mais il ne faut pas exagérer le paradoxe entre une éducation douce et une éducation virile ; toute l'éducation montanienne est subordonnée à la force d'âme, et les sévérités de l'école sont surtout blâmées par ce qu'elles rendent les élèves couards, au lieu de fortifier leur courage[2].

1. *Montaigne paradoxal*, Paris, Nizet, 1972, p.132.
2. « On nous a tant assujettis aux cordes que nous n'avons plus de franches allures. Nostre vigueur et liberté est éteinte. » I, 26, 151 B.

L'exemple du « simple garçonnet de Lacédémone », évoqué par Montaigne quand il veut démontrer que les biens et les maux dépendent en bonne partie de l'opinion que nous en avons, vient de la vie de Lycurgue par Plutarque ; il va dans le sens d'une éducation rigide, mais sert surtout à démontrer la puissance de l'éducation pour fortifier le courage des enfants : les Spartiates craignaient par-dessus tout d'être montrés comme coupables par les autres. Montaigne écrit : « Un simple garçonnet de Lacédémone, ayant dérobé un renard (car ils craignaient encore plus la honte de leur sottise au larçin que nous ne craignons sa peine) et l'ayant mis sous sa cape, endura plutôt qu'il lui eût rongé le ventre, que de se découvrir. » (I, 14, 59 A) Cet épisode montre l'étendue du courage que peut inculquer une éducation digne de ce nom. Mais le courage principal pour Montaigne est le courage de la vérité ; au-dessus de la fierté héroïque, il place la vérité et la loyauté. L'horreur du mensonge vient de ce qu'il trahit la notion même d'humanité, puisque les hommes ne s'entretiennent que par le langage ; si l'on fausse cet instrument, toute communication entre eux sera rompue. Tous ces arguments sont fondés sur l'expérience personnelle de Montaigne, qui a connu l'héroïsme guerrier inutile, et la trahison, en une période de guerre civile (les guerres de religion) l'une des plus sombres de l'histoire de France.

Parler et agir

Montaigne propose une éducation complète, qui permette à l'élève de bien agir et de bien parler. Mais il se méfie des paroles toutes seules ; faire de beaux discours n'est pas bien parler ; ce qu'il faut viser, ce sont des paroles vraies, conformes aux actes ; les ornements verbaux sont trop souvent destinés à cacher la misère ou la mauvaise foi. D'où, une fois encore, la valeur de Sparte : les maximes des Lacédémoniens étaient brèves ; mais cette brièveté n'est pas cultivée en soi ; elle est un exercice du jugement. Plutarque explique que le sous-maître posait aux enfants des questions de ce genre : « Qui est le plus homme de bien de la ville ? ou, Que te semble de ce qu'un tel a fait ? [...] et si falloit que la réponse fût toujours accompagnée de la raison, et sa preuve, courte et étreinte en peu de paroles. » (68a) La brièveté implique à la fois acuité du jugement et subtilité dans l'analyse. Elle explique que Montaigne préfère Sparte à Athènes, qui a eu de nombreux orateurs, mais peu de vrais chefs : « On allait, dit-on, aux autres Villes de Grèce chercher des

Rhétoriciens, des peintres et des Musiciens ; mais en Lacédémone des législateurs, des magistrats et empereurs d'armée. A Athènes, on apprenait à bien dire, et ici, à bien faire. » (I, 25, 143 A)

Ceci ne signifie pas pour autant que Lacédémone soit un modèle absolu. Ce serait abdiquer son jugement que de suivre un modèle aveuglément. Montaigne met plus haut que la brièveté la « fécondité » du discours : « Les Athéniens (dit Platon) ont pour leur part le soin de l'abondance et élégance du parler ; les Lacédémoniens, de la brièveté, et / ceux de Crète, de la fécondité des conceptions plus que du langage : ceux-ci sont les meilleurs. » (I, 26,172-173 A)

Éloge de la curiosité

Une chose manque aux Spartiates de Montaigne, c'est la curiosité du monde. Or, selon lui, cette chose est essentielle à l'exercice du jugement. « Il se tire une merveilleuse clarté, pour le jugement humain, de la fréquentation du monde. » Or le jugement est vraiment le maître mot de toute l'éducation montanienne, car il permet d'estimer les choses « selon leur juste grandeur » (I, 26, 157 A). Quelle que soit donc l'éminente valeur de l'exemple spartiate, il ne suffit pas à établir la véritable éducation de l'homme ; il faudrait corriger Lycurgue par Alcibiade, curieux de tout et du monde, et d'une admirable souplesse : «J'ai souvent remarqué avec grande admiration la merveilleuse nature d'Alcibiades, de se transformer si aisément à façons si diverses, sans intérêt de sa santé : surpassant tantôt la somptuosité et pompe Persienne, tantôt l'austérité et frugalité Lacédémonienne... » (I, 26, 167 A)

Rigueur morale et souplesse d'adaptation, tel est le principe d'une éducation du jugement selon Montaigne.

B) Sur le texte de Fichte
L'éducation de l'homme et la philosophie

On trouve chez Fichte une idée intransigeante de l'éducation de l'homme : à la question qui résumait pour Kant le projet critique « Qu'est-ce que l'homme ? », Fichte répond « le concept d'homme est un concept idéal », c'est-à-dire un concept vers lequel on tend sans jamais y parvenir entièrement. Le concept d'homme n'est pas un ensemble de données scientifiques objectives biologiques, psychiques ou sociales ; c'est un concept idéal, vers lequel l'homme se dirige au cours de sa vie et l'humanité en général au cours de l'histoire. L'éducation n'a de sens que par la perfectibilité humaine.

Il faut donc analyser brièvement la perfectibilité humaine dans ses deux directions : le point de départ, c'est-à-dire la nature de l'homme ; le point d'arrivée, autrement dit l'idéal, et les étapes de l'histoire qu'il implique. C'est en fait le « savant », *der Gelehrte*, le philosophe au sens fichtéen, qui a une vocation propre et supérieure, celle d'être l'éducateur de l'humanité, et Fichte le conçoit à travers les trois séries de cours consacrés au savant, 1794, 1805, 1811. Notre texte est tiré de la première série de conférences, la plus brillante sans doute ; mais il n'est pas inutile de le confronter au deux séries suivantes.

L'éducation de l'homme

Pour Fichte la nature de l'homme est mauvaise : elle est *inertie*, paresse, et ce sont là deux figures du mal. D'où chez lui une critique très vigoureuse de Rousseau qui met le salut dans l'état de nature. Cette thèse, qui s'oppose au progrès de l'esprit humain général, est contradictoire, car Rousseau, en luttant pour la faire triompher, croit bien faire avancer l'humanité dans le bon chemin. Il part d'un sentiment juste, celui de la corruption de toutes les valeurs dans la société de son temps. Mais il *l'interprète mal* : il a cru que la sensualité était la source de tout le mal du monde. Et il a cru que l'on devait avoir pour idéal le retour à un état où la sensualité n'est pas développée : l'état de nature. Ici, il faut quitter Rousseau : car on jette l'enfant avec l'eau du bain. La nature ne connaît pas les vices humains ; mais elle n'est pas humaine non plus : quand on a supprimé le vice, on a supprimé aussi la vertu et la raison. Et « il n'y a

plus d'hommes du tout » (S.W., VI, 341 ; trad.
p. 86).

Or Fichte propose une herméneutique plus
poussée de Rousseau. Il faut le comprendre mieux
qu'il ne s'est compris lui-même. Il cherchait le
repos pour fuir les tracas de la société. Mais il le
cherchait avec toute son immense culture ;
Rousseau était le plus cultivé des hommes. Ce qu'il
visait comme idéal était l'indépendance vis-à-vis
des besoins de la sensualité et de tout ce que la
société suscitait de comportements artificiels.
L'état de nature, qu'il décrit comme un âge d'or
ou un paradis perdu, est en fait devant nous : nous
devons tendre vers ce but qui est celui où la raison
ayant étendu son pouvoir, l'homme aura moins de
besoins (SW, VI, 342 ; trad. p. 87) ; il jouira avec
goût de ce qui est meilleur et n'aura plus besoin du
travail pour atteindre son but.

Mais Rousseau a oublié que cet état d'harmonie n'est pas accessible, qu'il est un simple idéal :
c'est l'harmonie, l'accord total de l'homme avec
lui-même et des hommes entre eux, harmonie qui
ne peut se faire que dans le Bien et par la raison.
Rousseau a oublié que « l'humanité ne peut et ne
doit s'approcher de cet état que par le souci, la
peine et le travail » (SW, VI, 343 ; trad. p. 88). Il
n'a pas su voir que « ce n'est pas le besoin qui est la

source du vice ; (car) il est incitation à l'activité et à la vertu ; c'est la paresse qui est la source de tous les vices » (ibidem). C'est dans l'activité que l'homme trouve sa joie ; et il le fait quand « il a combattu avec succès son inertie naturelle ».

Comment cette victoire s'opère-t-elle dans l'histoire ? C'est la tâche du philosophe, en tant qu'*éducateur* de l'humanité, de le discerner et de montrer à l'homme de son temps comment progresser. Le premier Fichte croit au progrès d'une façon nette et simple. C'est la lutte de la Lumière et des Ténèbres, de la Raison contre l'obscurantisme. Mais il croit que, sur ce chemin, l'humanité est encore dans l'enfance. Ce n'est pas demain que l'Etat disparaîtra, bien qu'il soit appelé à disparaître dès que la société atteindra son essence, qui est d'être l'action réciproque entre des consciences, l'échange intersubjectif des libertés. « Mais au total le meilleur est certainement vainqueur », écrit Fichte ; et il s'exprime en termes très maçonniques : « C'est une consolation apaisante pour l'ami des hommes et de la vérité, quand il assiste à la *lutte ouverte* de la lumière avec l'obscurité. La lumière est finalement victorieuse, c'est sûr – on ne peut pas déterminer librement le temps, mais il y a déjà un gage de la victoire, et de la victoire prochaine si l'obscurité est forcée de

s'engager dans un combat ouvert » (SW, VI, 308 ;
trad. p. 50).

Qu'est-ce qui justifie cet optimisme, en dehors
du progrès des Lumières au XVIIIe siècle ? C'est
que pour Fichte la nature n'est pas seulement
paresse ; elle a en elle des tendances (*Triebe*) qui
ont besoin d'être éduquées. Et parmi elles, la
tendance à la vérité ; ce besoin naturel de vérité
qui peut mener l'homme à la culture et à la véritable humanité. L'éducation de l'homme sera donc
un échange entre l'individu et la société, par lequel
l'individu rend à la société la culture qu'il lui doit
en la faisant progresser. « Je connais peu d'idées
plus sublimes, messieurs, que l'idée d'une action
universelle de tout le genre humain sur lui-même,
de cette vie et de cet effort incessants, de cette
émulation pour donner et pour recevoir... » (SW,
VI, 311 ; trad. p. 54).

Ce progrès est-il linéaire ? Il est certainement
toujours conflictuel ; la lutte est toujours nécessaire. De plus, quelques années après les premières *Conférences sur la destination du savant*,
Fichte subit l'attaque, l'accusation d'athéisme. Et
sa philosophie de l'histoire s'en ressent. Dans les
Grundzüge des gegenwärtigen Zeitalter, écrit
populaire sur *Les caractères fondamentaux de
l'époque actuelle* (pour se défendre de cette accu-

sation d'athéisme, ressentie surtout comme une attaque politique), Fichte expose qu'il faut être tombé au plus bas pour pouvoir remonter et que l'époque actuelle est le fond du fond, mais qu'elle amorce déjà un redressement. Notons encore que les *Discours à la nation allemande* évoquent la *Nation* allemande comme une Idée platonicienne, c'est-à-dire très précisément une chose qui n'existe pas dans le champ historique et vers laquelle on doit tendre.

L'éducation de l'homme se fait par l'idéal de la culture, d'abord conçue comme purement universelle, puis conçue comme une image particulière de l'universalité, la nation allemande. Mais le philosophe reste ici dans son rôle d'éducateur de l'humanité.

La conception du savant

C'est ce rôle qu'il faut maintenant analyser. Fichte a laïcisé dans le savant un rôle messianique, comme Victor Hugo disait, un peu plus tard, dans « Les Mages » que les poètes sont « les seuls pontifes ». Or, pour Fichte, si la parole est l'Ecriture animée par l'Esprit, c'est au philosophe en tant que « savant » par excellence, que revient le ministère de la Parole. Fichte a écrit trois fois une suite de cinq ou dix conférences sur le problème

du savant. En 1794 et 1811, ce sont *Cinq conférences sur la destination du savant*; en 1805, dix
conférences *Sur l'essence du savant*. Le texte de
1794 a eu un grand succès, celui de 1805 moins, et
celui de 1811 n'a pas été publié. Ceci dit, le
problème de la vocation du philosophe et de son
rôle dans la Cité n'a cessé de préoccuper Fichte.
Car c'est toute la transmission spirituelle qui
repose sur le « savant » – lequel n'a rien à voir
avec les sciences exactes.

En 1794, le savant est le pédagogue du genre
humain : c'est lui qui s'approche le plus de la
vérité et il doit mener les hommes vers celle-ci, en
développant en chacun le « sentiment du vrai » qui
est enfoui dans sa conscience[1]. Mais, dans la
mesure où il a aussi une vision de l'histoire selon
ses périodes, le philosophe « voit aussi l'avenir ».
Non pas au sens d'un prophète. Mais au sens où il
peut montrer à l'humanité ce qu'elle doit éviter
pour ne pas stagner ou ne pas régresser. En ce
sens, il est « l'éducateur de l'humanité »[2]. Cette

1. G.A., I, 3, 56.
2. G.A., I, 3, 57. Il est « le sel de la terre ». Cf.
Xavier TILLIETTE, « Salvatore e Salvezza nella filosofia
romantica », in *La Ragione e i simboli della salvezza oggi*,
a cura di Giovanni FERRETTI, Università degli Studi di
Macerata, Gênes, Marietti, 1990, pp. 93-114, en parti-

haute mission, quasi sacerdotale, confiée au philosophe, présuppose que celui-ci soit l'homme le plus parfait possible moralement.

Or Fichte s'est aperçu d'une perversion possible de la vocation philosophique, qui fait l'objet du dernier exposé de l'*Anhang zur Asketik*, non publié, mais écrit à la suite de la *Sittenlehre*. C'est la « corruption spécifique de la disposition spéculative ». Alors que la plupart des hommes ne s'intéressent qu'à la pratique, ce qui les rend bas, avides, cupides, il arrive que ceux qui se sont élevés à la spéculation, vainquant ainsi l'inertie et la paresse de la nature sensible, se complaisent exclusivement dans la spéculation. Se réfugier exclusivement dans la théorie, c'est là oublier son but, qui est d'améliorer le genre humain. Cette maladie spéculative, qui coupe la spéculation de la vie, peut être tournée vers le savoir ou vers l'art. Mais « les deux n'ont en vue que le plaisir, et dans cette mesure, la disposition des deux est esthétique »[1]. Ainsi « La vie contemplative, fût-elle celle du penseur ou de l'artiste, présente un très grand danger pour le salut de l'âme ». Et l'ascé-

culier, pp. 95-99, où il montre que la WL, à la suite de Kant, propose un salut sans Sauveur, qui la rapproche de Spinoza.

1. G.A., II, 5, 74 *in fine*.

tisme du savant – nécessaire chez les artistes et les esthètes, chez les philosophes et les théologiens – consiste à se déterminer à « redescendre au point de vue pratique, à imprimer en soi un intérêt pour la vie »[1].

Ceci ne signifie pas que la recherche philosophique ne soit pas désintéressée. Elle doit *commencer* par la pure théorie : « le premier intérêt du chercheur est seulement formel » ; il ne doit viser aucun résultat concret immédiat. « Mais quand la vérité a été trouvée par une recherche impartiale, elle doit être rapportée à la vie"[2]. Autrement on en reste à un jeu de l'âme avec elle-même. Dans la contemplation esthétique, Kant dit que le plaisir naît du jeu harmonieux de l'intellect et de l'imagination. C'est là une raison, parmi d'autres, pour laquelle il n'y a pas d'esthétique chez Fichte, même si l'art est pris en exemple parfois.

Les leçons de 1805 *Sur l'essence du savant* apportent beaucoup moins d'informations, dans la mesure où Fichte s'y exprime dans le style de la philosophie schellingienne de l'identité, visant à rétorquer à sa façon aux belles conférences de

1. G.A., II, 5, 75-76 ; trad. citée, pp. 46-47.
2. G.A., II, 5, 74 ; trad. citée, p. 45.

Schelling sur la *Méthode des études académiques* de 1803. Le savant devient savant par amour pour l'Idée ; il le reste par participation à l'Idée divine. Dès lors se pose un problème d'extériorisation, d'expression dans le monde sensible. C'est pourquoi Fichte consacre une neuvième leçon au rôle d'enseignant (dans le monde) du savant, et une dixième leçon à son rôle d'écrivain. Il montre que ces œuvres écrites dans le monde et pour le monde, dans le temps et pour le temps, sont aussi des « œuvres pour l'éternité »[1]. C'est la même conception historique de l'éternité que dans les premières *Conférences sur la destination du savant* de 1794, à savoir le lien de générations en générations à travers l'histoire, tendant vers l'infini. Grâce à ses élèves, l'œuvre du philosophe se prolonge à l'infini !

Les *Conférences* de 1811 expriment en termes de suprasensible et de vision du suprasensible le rôle du savant dans l'humanité. Mais ce n'est pas pour quitter le terrain de l'action, ni abandonner la supériorité ontologique de la liberté et de l'action morale où elle peut se manifester. Au contraire : le savant est celui qui détient un « savoir pratique ». Cette notion désigne non un

1. S.W., VI, 445 ; et globalement à partir de 428.

savoir de ce qui est, mais un savoir *a priori*, savoir d'un pur modèle, le concept de ce qui doit être, ce que les Grecs exprimaient par *Idee* (ιδεα). Nul ne peut nier que « ce monde suprasensible et spirituel » existe « à l'intérieur de nous » et doive devenir effectif par notre action[1]. Le problème de l'intuition intellectuelle est immédiatement lié à celui du savant, car celui-ci « doit recevoir des visions de l'être suprasensible »[2]. S'il ne faisait que répéter en lui l'être qui lui est donné, cela ne vaudrait pas la peine qu'il sacrifie sa vie à cette tâche. Or le sacrifice de sa vie pour la vérité est un thème constant de Fichte. Mais ici il prend son sens par l'identification du suprasensible à Dieu : « Dieu seul est le véritable suprasensible et le vrai objet de toutes les visions » (XI, 151). La question est, dès lors, exprimée en termes nouveaux, celle de la WL même de 1798, « Pourquoi la conscience de soi est-elle conscience du monde ? » – qui devient : « Pourquoi le monde sensible ne disparaît-il pas entièrement pour celui qui s'est élevé à l'intuition du monde suprasensible ? » Et la

---

1. S.W., XI, 149.
2. « Er muß Gesichte sehen aus dem übersinnlichen Sein ».

réponse : c'est que la manifestation de Dieu n'est jamais achevée ; elle s'infinitise.

Cette première approche va se détailler en neuf points :

1. La manifestation de Dieu devient infinie dans la vision que le savant en a ;

2. Il n'y a donc jamais d'image directe de Dieu dans le temps, mais toujours une image de sa future image, et ainsi à l'infini ;

3. Le véritable archétype est à la fois fondement, loi et paradigme du perfectionnement infini dans le temps ;

4. Les visions du suprasensible s'enchaînent nécessairement les unes les autres, de sorte que la production passée de la vision précédente est nécessaire à la production à venir de la manifestation suivante du suprasensible ;

5. La manifestation de Dieu, de ce fait, est une perpétuelle formation (*Bildung*) ;

6. Quand on les isole du flux du perfectionnement infini, les images tiennent leur esprit de Dieu, et leur corps (ou leur forme) du monde sensible ;

7. Seule la première manifestation de l'image divine serait légitimement représentable, parce que liée directement à l'intuition sensible ;

8. Le monde sensible et le monde suprasensible sont pour nous indissociables : *a parte
Dei*, le monde suprasensible ne cesse de se manifester dans le monde sensible qu'il maintient en
face de lui pour l'interpréter ; *a parte hominis*, il
faut cultiver ce monde sensible à l'image de Dieu,
de sorte que le regard de l'homme, transfiguré par
le spectacle du monde sensible renouvelé, voie le
monde suprasensible ;

9. L'image divine est donc continuellement
créatrice, à la condition que les formes du monde
sensible, loin de se figer, meurent et renaissent
sans cesse, de façon que le monde sensible soit
seulement condition de visibilité du monde
suprasensible.

La conclusion est que le savant sera « la force
vitale du monde et le ressort de sa création
continuelle » (XI, 155). Les forces de l'oppression
voudront le tuer, mais dans la lutte à mort des
Ténèbres et de la Lumière, nous sommes sûrs de la
victoire de celle-ci.

Les *visions* du savant ne sont pas celles des
visionnaires. En effet ceux-ci étaient des esprits
seulement religieux ; la vision de l'homme pieux
n'est qu'un témoignage de l'existence du suprasensible. Dans une première période de l'humanité, les visionnaires transmettaient directement

leur enthousiasme. Maintenant, « les visions du savant visent à transformer le monde au nom de l'amour de Dieu : La vision de Dieu n'est plus seulement formelle, mais matérielle, qualitative ; le monde futur a déjà commencé » (XI, 161). Ainsi la volonté divine reste créatrice au travers de la volonté du savant, alors qu'elle n'est que conservatrice dans la volonté de l'homme pieux. Il faut la culture savante pour avoir « l'intuition du monde suprasensible, en tant qu'elle est formatrice du monde sensible » (XI, 164)[1].

En conclusion, on peut dire que l'image de l'homme chez Fichte se modèle sur un concept idéal, dont le rôle accompli est tenu par le philosophe, comme chez Platon. Cette pédagogie idéaliste, fondée sur l'effort, s'oppose à toute pédagogie des privilégiés : la culture est le bien de tous, quoique chacun y participe à sa façon.

---

1. Kant, à la fin de *La Religion à l'intérieur des limites de la simple raison*, insiste beaucoup sur le fait que le christianisme est religion savante, et que c'est là ce qui le distingue de la religion naturelle.

C) Sur le texte de Lavelle

La philosophie de Lavelle est tout entière
fondée sur l'expérience de la réflexion : comme
pour Malebranche, la philosophie est d'abord un
rappel de la conscience à elle-même, un éveil à
l'intimité spirituelle. La réflexion première est la
découverte de l'existence comme mienne ; mon
existence m'est donnée, et je n'ai de cesse d'approfondir ce mystère. Mais ce qui m'est donné là n'a
rien à voir avec une chose ; mon existence
m'échappe si je veux l'objectiver. Ce qui m'est
donné, j'ai à le prendre en main, à le façonner :
j'ai à faire de mon existence une essence. L'erreur
de Narcisse – qui est le titre du très beau petit livre
dont est tiré notre texte – est de refuser l'action, et
l'éducation ; Narcisse croit qu'il peut se contenter
de contempler son essence, comme un mystère de
beauté insondable. Au lieu d'agir, il s'immobilise
dans la contemplation de sa propre image et cesse
par là-même de vivre. La mort est l'inéluctable
issue de son erreur.

L'être comme acte

Si l'être humain est éduquable, c'est parce qu'il n'est pas une substance mais un acte. L'éducation est la découverte d'un acte qui est moi. La première expérience que je fais de l'existence comme mienne, c'est l'expérience du mouvement volontaire ; lorsque je remue mon corps, ne serait-ce que mon petit doigt, je prends conscience de mon initiative et de ma puissance. Commentant la phrase de Gœthe, « Au commencement était l'action », Lavelle écrit : « Tous les modes de l'être sont les modes d'une activité qui tantôt triomphe et tantôt succombe. Je suis là où j'agis. L'acte est le premier moteur par lequel je ne cesse de créer à chaque instant ma propre réalité. »[1]

L'éducation comme acte d'attention

L'éducation consiste donc en un acte d'attention par lequel je me détache des modes qui déterminent mon existence pour retrouver le moi simple et nu qui est la source du sentiment que j'ai de vivre. Dans la communication et le dialogue, je pose un acte de foi dans le moi d'autrui, et je suis à même d'aider autrui à prendre conscience de son

1. *La conscience de soi*, ch.V, 1 ; nouvelle édition, Paris, Christian de Bartillat éditeur, 1993, p.93.

propre moi. Mais le moi ne peut jamais être connu que de lui seul ; être un moi, c'est être ontologiquement clos sur soi-même, même dans l'ouverture à autrui. « Le moi est la découverte d'une existence qui ne peut pas être niée parce que, au moment où elle s'affirme, elle s'engendre elle-même. Elle jouit ainsi d'une prérogative évidente parmi les autres formes de l'existence : elle possède un caractère indubitable ; elle porte en elle la marque de l'absolu. »[1] Ceci ne signifie nullement que c'est là la première expérience que fait l'homme ; sinon, il n'y aurait pas besoin d'éducation. En réalité, l'être humain ne cesse d'oublier l'existence de son moi ; il s'absorbe continuellement dans la relation à autrui et au monde. Ce qui est premier chronologiquement, c'est la présence du moi dans le monde. Dès lors la prise de conscience du moi est une expérience métaphysique particulière, que Lavelle considère comme une *émotion* exceptionnellement vive. Il reprend de Bergson la signification positive de l'émotion, qui n'a rien à voir avec une sortie de la conscience hors d'elle-même, mais qui est au contraire la résonance affective d'une découverte de notre réalité profonde. Bergson a insisté, dans

1. *De l'intimité spirituelle*, Paris, Aubier, 1955, p.68.

Les deux sources de la morale et de la religion, sur la dimension créatrice de l'émotion profonde : « Une émotion est un ébranlement affectif de l'âme, mais autre chose est une agitation de la surface, autre chose un soulèvement des profondeurs. [...] Création signifie, avant tout, émotion. »[1]

L'attention est effort de concentration sur l'intériorité du moi à l'être. Ainsi « ...en devenant de plus en plus intérieur à lui-même, il pourra espérer découvrir le mystère de son propre avènement, la loi selon laquelle il doit collaborer à l'ordre universel, et devenir l'ouvrier de sa destinée individuelle. » De cette découverte, toute éducation sérieuse est complice ; c'est là même la mission éducative en tant que telle. Mais l'émotion métaphysique n'est pas pour autant accessible à tous : « Cela ne peut empêcher les esprits qui ont plus de profondeur métaphysique que de tendresse psychologique pour eux-mêmes *d'atteindre le sommet de cette émotion que nous ressentons tous dans notre rencontre avec l'être par la simple*

---

1. *Œuvres*, édition du centenaire, p.1011-1013.

découverte de sa présence plus encore que par la conscience d'y participer. »[1]

L'attention est l'éveil même de la conscience, antérieure à la division entre intelligence et volonté ; elle n'est pas la visée d'un objet, et en ce sens, est plus fondamentale que l'intentionalité de la conscience ; elle est disponibilité à soi-même et à tout ce qui est ; Lavelle la désigne comme «une ouverture de la conscience à l'égard de la totalité du donné », et, en tant que vigilance à la totalité du réel, elle est même « l'acte suprême de la liberté», car nous en disposons pleinement comme d'une démarche inaugurale de la conscience avant qu'elle ne se détermine en des tâches particulières. Etant sans contenu, « elle seule mérite le nom de transcendantale, si on pouvait détacher sa virtualité pure, considérée dans l'acte libre qui en dispose, des formes psychologiques qu'elle prend dans la conscience de chaque individu. »[2]

Solitude et communication

Mais Lavelle est un Fichte qui aurait lu Montaigne ; comme Fichte, il pense que la

1. *La présence totale*, Paris, Aubier, 1934, p.37. Nous soulignons.
2. *Manuel de méthodologie dialectique*, Paris, PUF, 1962, p.154-155.

réflexion philosophique peut tout tirer d'elle-même, sauf l'existence, qui est donnée ; mais, comme Fichte encore, il pense que la donnée n'est là que pour être transformée. Cependant le sujet transcendantal ne permet pas d'emblée le discernement de la vocation et du génie propre à chacun. A l'idéalisme de principe, il convient d'associer intimement une pédagogie diversifiée. Alors que Fichte ne s'intéresse qu'à l'éducation de l'humanité, Lavelle cherche comment faire progresser l'humanité en chaque homme. D'où l'importance de la dialectique entre la solitude ontologique du moi et le commerce des consciences ; d'où encore la compréhension de la liberté comme nécessité intérieure.

La solitude est l'épreuve nécessaire de la liberté ; une éducation purement sociale anéantira sûrement et irrémédiablement le génie propre de chacun. En effet, la solitude est une voie pour découvrir la sincérité, car l'exacte appréhension de soi-même met l'homme en face de Dieu. « La conscience de soi, c'est la conscience que Dieu a de nous », écrit Lavelle, rappelant la formule d'Angelus Silesius, que *l'œil par où je vois Dieu est le même œil par où il me voit.*[1] La solitude est

1. *La conscience de soi*, ch.VII, § 8, p.161-162.

toujours conquise sur la société ; l'état naturel de la conscience est la société, la relation à autrui, ou encore ce que Lavelle nomme en termes classiques « le commerce des consciences ». Et l'expérience de la solitude est nécessaire à l'homme pour qu'il découvre le centre de lui-même et puisse, à partir de là, transformer le monde pour la part qui lui est offerte, et se mettre de pair avec sa destinée. « La valeur d'un homme se mesure à la puissance de solitude qui subsiste en lui, même au milieu de la société, et à l'ardeur intérieure qui la nourrit. Toute notre force, toute notre joie naissent de la solitude, toute notre richesse aussi, puisque rien n'est à nous que ce qui reste encore à nous quand nous sommes seuls. »[1] La solitude ne contredit la communauté des hommes que pour mieux la comprendre : car si la solitude est la condition pour que nous discernions notre propre vocation, elle nous permet du même coup de « reconnaître l'inimitable singularité de toute existence individuelle [...] Car c'est cette singularité de chaque être qui exprime la part d'absolu dont il est, pour ainsi dire, porteur et qui fait que le monde entier

---

1. *Ibidem*, ch. VIII, § 3, p. 170.

est intéressé à sa destinée, si misérable qu'elle paraisse. »[1]

La découverte du génie propre à chacun

La nature donne à l'invidu un caractère parti-culier ; on ne saurait dire qu'il s'agit déjà d'une personnalité. Car la personnalité libre n'est pas le fruit immédiat et automatique de la nature. Bergson disait que tout homme n'est pas un créateur de génie, mais qu'il est appelé à se créer soi-même ; c'est ce que Lavelle nomme le génie propre à chacun. Or la volonté est toujours aux prises avec le caractère, qu'elle s'y soumette, ou qu'elle le fléchisse. La nature individuelle de chacun n'est rien que par la valeur qu'elle peut assumer et communiquer. C'est en ce sens qu'il ne peut y avoir de vocation que spirituelle. Mais la difficulté à discerner sa propre vocation vient des multiples obstacles qui surgissent spontanément : il ne faut pas seulement parler ici de l'amour-propre, qui nous fait jalouser autrui et viser plus haut que ce que nous sommes capables d'atteindre. Mais on doit penser que la vocation est la chose la plus proche et la plus simple, la plus présente à nous-même, et par conséquent, la plus difficile à

1. *L'erreur de Narcisse*, p.164.

saisir du fait de nos fantasmes, de nos tracas, et de l'extrême dépouillement que suppose la simplicité. Elle est « le sentiment d'un accord entre ce que nous avons à faire et les dons que nous avons reçus »[1].

Le discernement de la vocation, qui est le but de l'éducation, aussi bien pour Lavelle que pour Montaigne, n'est pas identique à la connaissance de soi. Montaigne montrait que la connaissance de soi est impossible en raison de la variabilité même du moi. Pour Lavelle, la loi individuelle et la fidélité à soi-même sont plus profondes que la variabilité des humeurs ; en ce sens, il est moins pragmatique que Montaigne, et peut être considéré comme un philosophe de l'éternité. Mais il ne conçoit nullement la vocation personnelle comme une essence éternelle qui serait fixée de toute éternité et figée comme une chose. Le moi est un être en devenir : « c'est son essence même de ne pouvoir se fixer sans devenir une chose et de rester toujours lui-même une attente, une promesse et une espérance. »[2] C'est pourquoi il ne saurait y avoir de connaissance de soi ; ce serait une objectivation contradictoire et meurtrière.

1. *Ibidem*, p.129.
2. *De l'intimité spirituelle*, p.92.

Discerner son propre génie est aussi difficile que de savoir « reconnaître les saints qui sont à côté de nous et le saint même qui est en nous, qui demande à naître et que nous refusons de laisser sortir des limbes. »[1] En effet, le saint est le véritable éducateur de l'homme, non parce qu'il cherche à lui apprendre de force quelque chose, mais parce qu'il va toujours jusqu'à l'extrêmité de lui-même. C'est en cela qu'il nous aide à nous découvrir nous-même, à trouver notre propre génie. Car, avec une grande perspicacité, Lavelle ajoute : « Mais qu'est-ce que l'extrêmité de soi-même, sinon cete exacte sincérité qui, dans tout ce que nous faisons, exprime exactement ce que nous pensons et ce que nous sentons, c'est-à-dire la partie la plus intime et la plus profonde de notre âme ? »[2] Ne croyons pas que Lavelle donne là quelque chose de facile ; il sait parfaitement que la sincérité est pleine de difficultés et de périls ; il connaît assez Montaigne pour savoir que la sincé-rité immédiate, polymorphe, ne délivre pas la vérité du sujet ; les sincérités multiples de Sartre lui ont paru très précisément opposées à l'exacte

1. *Quatre saints*, 2ème édition, avec une préface de Jacques de Bourbon-Busset, Paris, Christian de Bartillat, 1993, p.18.
2. *Ibidem*, p.25.

sincérité qu'il visait. Dans *La conscience de soi*, il précise : «Cette sincérité aiguë, par laquelle le moi devient d'une transparence parfaite et qui est un dépouillement de la chair et un regard lumineux de Dieu en nous-même, n'est pas le prélude de la vie intérieure, *elle en est déjà l'accomplissement.* »[1]

L'éducation et la vocation de l'âme

On voit la dialectique de l'éducation lavellienne : découvrir son propre moi, discerner son génie propre sont deux actes d'une même aventure, qui est le chemin par lequel l'homme va à la découverte de son âme. L'éducation de l'individu, l'éducation de l'humanité en l'homme, débouchent enfin sur l'éducation de l'âme. La découverte de sa vocation propre et unique ne fait qu'un avec la découverte de son âme par le sujet. Ici, le culte du moi, l'auto-célébration de l'*ego* n'ont plus lieu d'être. Le saint est éloigné, plus que tout autre homme, des préoccupations de l'*ego* qui toujours le reconduisent à l'amour-propre. «Il ne se donne pas lui-même comme un exemple, car chacun trouve au fond de soi le modèle même auquel il doit se conformer ; le saint nous apprend seule-

1. *Op.cit.*, ch.VII, § 6, p.154.

ment à le découvrir. »[1] La vocation personnelle, c'est l'effort de se calquer sur ce modèle intérieur, et strictement individuel ; le saint est un véritable éducateur en ce qu'il nous aide à découvrir ce modèle, et nous indique la méthode pour nous y conformer, c'est-à-dire la sincérité, ou la transparence parfaite.

L'éducation est ce qui permet à l'individu de trouver le chemin de son âme ; cependant la notion de vocation et celle de l'âme ne doivent pas être comprises comme des notions religieuses, mais comme des notions philosophiques indépendantes. Certes, Lavelle est un philosophe chrétien, et la référence à Dieu est présente dans la conscience de soi comme notre rapport à l'absolu créateur. Le Dieu de Lavelle est bien celui de Malebranche, « le scrutateur des cœurs »[2] ; mais l'âme ne doit pas être comprise comme une substance créée par Dieu, ni la vocation comme un appel de Dieu. Comme toute existence spirituelle, l'âme est de l'ordre de la possibilité ; nous sommes libres de nous créer nous-mêmes, c'est-à-dire d'avoir une âme ; Lavelle écrit que l'âme « est le pur pouvoir de consentir à sa propre existence ou de la récuser.

1. *Quatre saints*, p.29.
2. Cité dans *La conscience de soi*, ch.VII, § 8, p.161.

Elle est libre d'être. »[1] De la même façon, la vocation de l'âme est une démarche de notre liberté dans son aspiration vers la valeur ; elle est donc « *un appel de nous-même à nous-même*, une sorte d'exigence d'accomplissement à l'égard de notre essence proprement individuelle, en tant qu'au lieu de contredire notre liberté, elle l'exprime et la réalise. »[2]

La temporalité de l'éducation

Si le sommet du moi réside dans l'acte de liberté, l'effectuation de cette liberté dans la réalisation de la vocation se fait dans le temps. Le temps est le lieu de l'incarnation de notre liberté, selon ses trois degrés, ou ses trois niveaux, qui sont le devenir, la durée et l'éternité. Le devenir est la condition qui fait que l'acte de liberté peut se différencier de l'acte pur ; mais la liberté lutte contre la tendance du devenir à l'enchaîner dans les circonstances particulières. Le devenir est un aspect même de l'existence, mais il nous fuit sans cesse et est incapable de nous contenter en réalisant notre vocation dans une destinée personnelle ; quant à la durée, qui correspond à notre

1. *De l'âme humaine*, Paris, Aubier, 1951, p.155.
2. *Ibidem*, p.468.

désir de durer, elle tend toujours à se convertir en nature ; c'est seulement dans l'éternité, qui est esprit, que notre liberté peut trouver une source d'activité et de renouvellement. Comme l'éternité hégélienne, l'éternité lavellienne est spirituelle et dynamique. Par la mémoire, nous convertissons le passé en avenir spirituel : notre expérience est arrachée au devenir et transformée spirituellement. Lavelle a beaucoup insisté sur la fait que la mémoire offrait à notre liberté un réel champ d'exercice, en mettant à notre disposition un passé qui sans elle serait révolu. Grâce à elle se produit une « sorte d'enrichissement graduel et électif de notre être qui est la signification profonde de l'existence. » Mais l'éternité nous conduit plus haut encore : c'est, par le dépouillement de tout acquis, et l'union à l'acte créateur, en quelque sorte indifférent à ses créations propres, que nous parvenons à « un affranchissement graduel de notre activité elle-même. »[1]

La signification temporelle de l'existence ne saurait être comparée à une ligne droite avançant vers une fin inaccessible ; Lavelle utilise l'image des cercles concentriques, chacun agrandissant

1. *Du temps et de l'éternité*, Paris, Aubier, 1945, p.428-429.

sans cesse le cercle qu'il décrit dans la totalité de
l'être. Et il ajoute : Ainsi le rôle du temps est
différent de celui qu'on lui prête presque toujours.
Il n'est pas une fuite en avant où nous perdons ce
que nous laissons derrière nous sans être sûr de
jamais rien acquérir. *Il nous permet d'envelopper*
dans une courbe que nous traçons autour de nous-
même une région du monde qui est de plus en plus
vaste, comme dans la croissance de la rose. »[1]

On pourra mieux comprendre maintenant en
quel sens la vocation est la grâce qui traverse la
nature et le métier, les unit et les surpasse. C'est
que la grâce est une valeur indispensable à l'éducation. Lavelle en a relevé la trace à propos de
l'écriture et de la lecture ; l'écriture est une sorte
d'exercice de l'esprit pur et d'apprentissage de la
liberté ; sa grâce est d'éterniser, en quelque sorte,
les moments fugitifs où l'homme se sent porté au-
delà de lui-même. La grâce est ce don qui trans-
figure le métier d'écrivain en faisant pénétrer la
lumière de l'esprit dans la vie quotidienne. Et, de
même, quoiqu'en sens inverse, la lecture est une
grâce, et non une tâche, lorsqu'elle est « la réponse
à une occasion qui, donnant le branle à notre

---

1. *L'erreur de Narcisse*, p.137. Nous soulignons.

esprit, lui permet de retrouver en quelque sorte son assiette éternelle. »[1]

Lavelle conclut son livre sur *La parole et l'écriture* par quelques remarques : «Delacroix donne comme règle suprême de l'art : *se livrer peu à peu à ce qui vient.* Et chaque écrivain fait l'expérience qu'on n'écrit jamais tout à fait bien que si on ne sait pas exactement ce qui va venir. Mais toute la difficulté, c'est de savoir se livrer en effet à l'inspiration, sans lui être cependant tout à fait livré, en sachant encore la reconnaître et la diriger ; c'est, plus encore, de savoir opérer un lien entre ses révélations successives. C'est là principalement que se montre toute la force de notre génie propre. »[2] On ajoutera seulement que c'est le fruit d'une éducation pleinement réussie que de parvenir à intérioriser en l'unifiant tout ce qui nous est donné.

---

1. *La parole et l'écriture*, Paris, L'artisan du livre, 1947, p.223. On retrouve dans bien des pages de ce livre l'inspiration de Montaigne, s'il est vrai que ce dernier est l'inventeur du « lecteur moderne », comme le montre H. Günther dans un brillant «essai», *Montaigne, ein Essay von Horst Günther*, Francfort, Insel Verlag, 1992, p.48-57.

2. *La parole et l'écriture*, p.241.

Supplément

L'éducation physique mérite une parenthèse finale assez longue. C'est que les structures de l'éducation physique ont été bouleversées, d'une part suivant les nouvelles données de la vie humaine, et d'autre part selon celles des collectivités. Le phénomène majeur est l'allongement de la vie humaine qui implique toujours un exercice général pour conserver une vigueur corporelle satisfaisante et s'adapter aux exigences de la vie. Platon n'avait pas conçu que la vie humaine put dépasser sensiblement le temps d'une génération: mais c'est ce qui se passe aujourd'hui et l'on comprendra aisément que des exercices élémentaires (la simple danse dont nous entretient la *République*) ne puissent satisfaire l'esprit. Le sport, et avec lui l'éducation physique, s'est développé, et depuis la date fatidique de 1896, renaissance des Jeux Olympiques, n'a cessé de se diversifier, de se compléter – la cadence est devenue telle que chaque année un sport nouveau voit le jour, tant pour le plaisir passif des personnes ayant franchi le seuil de la trentaine, que pour leur activité spontanée ou dirigée. On peut aller plus

loin ; les exercices encore non reconnus officiellement comme le skate-board trouveront bien leurs
règles, leur discipline, leurs champions, leurs
spectateurs, en un mot : leur public. Le ski
acrobatique n'a-t-il pas été récemment reconnu
discipline olympique ? Tout cela rentre dans le
contenu de l'éducation sportive. On peut donner
un autre exemple : la plongée sous-marine. Discipline où l'éducation physique (et intellectuelle) est
première, elle suppose non seulement l'apprentissage d'un langage, une formation de secouriste,
mais encore se voit sanctionnée par des diplômes
(le monitariat) reconnus par l'Etat.

Dans ce contexte l'éducation physique est
devenue une exigence universelle qui s'adresse à
tous à tout âge. On ne pourrait que s'en féliciter, si
à tous les niveaux, l'argent n'était venu, en bien
comme en mal, troubler le système. Le rénovateur
des Jeux Olympiques, le baron Pierre de
Coubertin, pensait que le sport pratiqué dans
l'idéal olympique serait un moyen de développement unique. Dans le grand brassage des athlètes
appelés à participer, il entrevoyait d'une part la
possibilité d'un dépassement du nationalisme dans
le cosmopolitisme – douce espérance qui ne laissa
pas d'être déçue puisque les nations dépensèrent de
plus en plus d'argent pour la formation de leurs

représentants [1]. L'exigence de l'amateurisme fut tout entière viciée par là, et avec elle l'idéal cosmopolitique. Mais d'autre part, pour Pierre de Courbertin, l'athlète olympique devait, revenant dans son pays, prendre en charge l'éducation physique de ses concitoyens. On sait que Hitler refusa de serrer la main de Jesse Owens, illustre vainqueur olympique ; ce que l'on sait moins, c'est que de retour aux Etats-Unis le grand coureur noir – pour des raisons aisées à deviner – se retrouva au chômage ne pouvant trouver le moindre poste de moniteur d'éducation physique – il lui manquait un diplôme d'université (mais il fallait pour l'obtenir payer très cher une inscription). Le cas Jesse Owens fut la pioche qui ébranla les illusions du baron Pierre de Coubertin. Le rôle de l'argent a été déterminant. D'une manière générale on pourrait dire, si la formule n'était pas trop audacieuse, qu'il obéissait à une certaine loi d'anarchie.

Ce fut visible dans notre pays. D'abord à l'école. Le rôle des professeurs de gymnastique était nul. Jamais un élève ne fut obligé de redou-

1. On se souvient comment les athlètes soviétiques étaient en fait des fonctionnaires appointés par l'Etat. Dans l'ancien bloc de l'Est, le célèbre coureur Zatopek était officiellement un officier dans l'armée – officieusement son travail consistait à s'entraîner.

bler une classe en raison d'une inaptitude aux exercices physiques et les professeurs de gymnastique, les moins considérés, furent aussi les moins payés. On leur faisait confiance pour trouver des rémunérations supplémentaires, l'hiver et l'été, comme moniteurs de natation ou de ski. La grande structure de ce système scandaleux fonctionne encore, bien qu'on ait tenté de mettre sur pied une agrégation de gymnatisque ou éducation physique. Mais il y a une différence, et c'est que ces rémunérations supplémentaires sont devenues importantes. S'il n'y a pas de rémunérations supplémentaires pour la gymnastique suédoise, on en trouve pour l'enseignement de la voile, du ski, du trampolin, de l'alpinisme, etc. Mais d'un autre côté les jeunes, physiquement doués, se dirigèrent vers des sports où (souvent sale) l'argent n'était pas interdit : ainsi par exemple, la boxe qui comptait encore plus de 8.000 adhérents en 1950 (à la Fédération française de boxe) ou encore le cyclisme, sport populaire entre tous et dont on ne sait où Platon l'aurait placé dans sa citadelle dorée.

Résumons : l'éducation physique[1] est devenue un fait d'une extension infiniment plus grande que Platon ne l'a imaginé. Les Jeux olympiques ont été le moteur de ce développement, mais, comme

1. Cf. Raymond THOMAS, *L'éducation physique*, Paris, PUF, 1981.

Maurras l'avait déjà vu dans *Antinéa*, se sont tournés contre l'idéal de Pierre de Coubertin. La situation enfin de l'éducation sportive et physique est tout entière à revoir dans notre pays. Il est scandaleux qu'il existe des sports pour privilégiés (par l'argent) et d'autres pour la populace. Et en un mot le ministère de la jeunesse et des sports devrait être un ministère de premier ordre, au même titre que celui de la défense nationale, auquel, par bien des côtés, il s'apparente.

Table des matières

IMPRIMÉ EN FRANCE PAR BUSSIÈRE (617-III-1994).
18200 Saint-Amand-Montrond

Dépôt légal : mars 1994